PÈRE au FOYER

COMMENT LA PARENTALITÉ POSITIVE A CHANGÉ MA VIE ?

58, rue Jean Bleuzen – 92178 Vanves Cedex

Direction : Catherine Saunier-Talec
Responsable éditoriale : Lisa Grall
Édition : Florine Marguin
Direction artistique : Cécilia Rehbinder
Conception graphique : Annabelle Mollet
Mise en page : Nordcompo
Fabrication : Amélie Latsch
Responsable partenariats : Dana Lichiardopol
(dlichiardopol@hachette-livre.fr)

SAMUEL CLOT

PÈRE au FOYER

COMMENT LA PARENTALITÉ POSITIVE A CHANGÉ MA VIE ?

LA MAISON
hachette
PRATIQUE

Sommaire

INTRODUCTION

« Parentalité positive », « éducation bienveillante », « accompagnement respectueux de l'enfant » … Il existe une multitude d'appellations pour évoquer ce modèle éducatif, nouveau pour beaucoup, évident pour d'autres, qui s'attache à élever les enfants sans violence. Pour moi, la découverte de ce que certains décrivent comme une « mode » a été l'élément déclencheur d'un changement radical de vie. J'ai abandonné mes études de médecine quand je suis devenu parent à 21 ans, j'ai été père au foyer pendant 3 ans et je suis aujourd'hui militant, influenceur, porte-parole d'une génération de parents qui refusent de perpétuer les dogmes éducatifs « traditionnels » et qui cherchent à développer d'autres façons d'accompagner les enfants.
Dans ce livre, je vous raconte ce chemin qui m'a emmené des bancs de la faculté à l'Élysée, des journées au parc avec mon fils jusqu'à des conférences devant des centaines de personnes, de la création d'un petit compte Instagram pour partager mon quotidien à l'écriture de ce livre.
L'idée n'est pas de vous dire dans ce livre que le modèle éducatif que je pratique est le meilleur, l'idée c'est de vous raconter, en toute transparence, ce que j'ai vécu, ce que j'ai ressenti, mes erreurs et mes réussites, pour éclairer une voie qui est encore trop peu mise en avant dans notre pays.
Ceci n'est ni un manuel ni une bible.
Je vous souhaite une bonne lecture, n'hésitez pas à venir en parler directement avec moi sur les réseaux sociaux au besoin.

DEVENIR PÈRE,

ma première rencontre avec la parentalité positive

ÉTUDIANT EN MÉDECINE

Pour bien raconter un chemin, il faut commencer par le point de départ. Pour cette histoire, commençons le jour où j'ai été reçu en deuxième année de médecine à la Faculté de Montpellier. Si c'était un conte pour enfant, il commencerait par « *Il était une fois dans un monde pas si merveilleux un jeune garçon de 19 ans au bord du burn-out* ». Parce que oui, ce jour-là, le jour où j'ai lu sur mon ordinateur le petit mot « ADMIS » à côté de mon nom, je n'étais pas au top de ma forme. Je venais de passer deux ans de ma vie à préparer, rater et recommencer un concours pour entrer en médecine, ça s'appelait la PACES à l'époque (Première Année Commune aux Études de Santé). Ma première année n'avait pas été fructueuse et j'ai dû retenter ma chance une deuxième fois, avec le « mode guerrier » activé comme on disait. Le « mode guerrier » qu'est-ce que c'est ? C'est se lever tellement tôt que sur France Inter à la radio, j'avais les infos de la Martinique et la Guadeloupe en buvant mon triple expresso, c'est arriver à six heures quarante-cinq devant la grille de la fac pour pouvoir avoir une place dans une salle de travail quand le vigile ouvrait à sept heures, c'est me taper les quatre heures de cours magistraux en visio sur mon ordi le matin, prendre vingt minutes pour manger le midi, aller en séance de tutorat puis enchaîner avec les Travaux Dirigés (les TDs, qui sont en fait juste des révisions du concours), retourner au tutorat puis retourner en salle de travail jusqu'à vingt-deux heures et rentrer dormir. Et puis recommencer, tous les jours, de septembre à mai. Autant vous dire que ce quotidien n'est pas vraiment épanouissant.

Cette année-là, dans les décombres de mon plaisir d'apprendre, j'ai tout de même réussi à me trouver une passion, une passion qui m'a permis de réussir le concours, une passion qui me suit encore aujourd'hui et que je cultive autant que possible : j'ai découvert les sciences humaines et sociales. Sujet qui n'avait jusqu'alors pas du tout été mis à l'honneur dans mes études à composantes scientifiques, je découvre les SHS au deuxième semestre de ma première année. C'est la seule matière qui n'est pas évaluée uniquement par QCM (questionnaire à choix multiples) : on a aussi une rédaction d'une page recto verso à pondre le jour J sur un sujet précis (vous avez bien lu, c'est la seule matière qui n'est pas évaluée par QCMs sur les 15 matières). Il ne faut pas se rater, *grosso modo* cette matière compte pour un quart des points de l'année entière. Une chance pour moi, dès les premiers cours, je suis passionné : histoire, philosophie, études sociales deviennent des rendez-vous motivants pour moi, les seuls en fait. C'est en partie grâce à tout ça qu'aujourd'hui je m'intéresse à l'éducation, aux études scientifiques, à des bouquins de sociologie, de philosophie autour de la question de l'enfance et de la parentalité.
À l'époque, les sujets sont centrés sur le soin, mais le parallèle avec l'éducation est tellement évident ! Je découvre Winnicott[1] et ses propos sur la mère « suffisamment bonne »,

---

1 Donald Winnicott est un psychanalyste britannique du XXe siècle qui développa la notion de *good enough mother*, « la mère suffisamment bonne » en se basant sur les travaux de Mélanie Klein, elle-même psychanalyste austro-britannique du début du XXe siècle qui parlait déjà « d'expériences suffisamment bonnes ». Bien que daté et basé sur le paradigme psychanalytique auquel je n'adhère pas, ce concept me parle et je l'utilise encore souvent aujourd'hui en opposition au mythe du parent parfait.

Canguilhem[2] et sa normativité, les lois sur le consentement du patient, les débats sur la fin de vie, l'éthique, la violence dans le soin… Et franchement, je suis passionné (au point où je me classe deuxième sur les trois mille candidats au concours dans cette matière, oui je me la pète légèrement, on peut le dire).
Il faut dire qu'à l'époque, c'était un peu la seule lumière dans un océan d'obscurité. J'ai passé l'année avec le moral au plus bas, rétrospectivement j'étais probablement proche du burn-out ou en dépression mais je me « faisais violence », comme on disait. Pour vous donner une idée du niveau de moral des étudiants en première année, je vous raconte une petite anecdote. Vous connaissez l'expérience de pensée du chat de Schrodinger ? On enferme un chat dans une boîte close, contenant un dispositif qui tue l'animal dès qu'il détecte la désintégration d'un atome d'un corps radioactif. De l'extérieur, on ne peut pas savoir ce qui se passe dans la boîte. Bon, c'est de la physique quantique vous avez le droit de ne pas être fasciné·e, mais en gros ce qu'on retient de l'expérience c'est que tant qu'on n'ouvre pas la boîte pour vérifier si le chat est mort ou vivant (et qu'il y a donc eu désintégration d'un atome ou pas), on ne peut pas le

2 Georges Canguilhem est un philosophe (et ancien résistant) français de la première moitié du xxe siècle. Il développe dans sa thèse *Le Normal et le Pathologique*, la notion de « normativité ». Appliqué à la médecine, la normativité c'est la capacité de l'organisme à définir lui-même ce qui est normal et pathologique, ainsi pour différents organismes, nous n'avons pas la même « normalité » ni même les mêmes seuils « pathologiques ». Appliqué à la vie en général, on peut utiliser cette notion pour se rappeler que nous avons toutes et tous nos propres définitions de ce qui est normal ou pas (spoiler, ce qui est normal pour moi dans le domaine de l'éducation ne l'est pas forcément pour d'autres, par exemple).

savoir : le chat existe donc dans deux états qui se superposent : mort et vivant. Dans notre petit groupe d'étudiants, on blaguait souvent en disant : si je me fais renverser par un bus avant le concours, on ne pourra jamais savoir si je l'ai réussi ou échoué, j'existerai donc éternellement dans une superposition de deux états, j'ai échoué et j'ai réussi. Donc finalement se faire renverser par un bus avant le concours augmente mes chances d'exister dans l'état « j'ai réussi le concours » par rapport à réellement passer le concours et échouer. Bonne ambiance, non ?

On pourrait parler longuement du fonctionnement complètement stupide des études de médecine, de cette machine à broyer qu'était le concours à l'époque et de tous ces jeunes étudiantes et étudiants qui ont perdu deux ans dans un système de *numerus clausus* totalement déconnecté de la réalité de l'offre de soin. On pourrait parler de la violence et de la bêtise de ce système, des enseignants qui y participent « parce que c'était comme ça quand ils étaient étudiants » et d'à quel point ce système est représentatif de la société de laquelle il émane, mais il y a trop à dire et je m'éloigne du sujet qui nous rassemble, vous et moi, dans ce livre.

Ce qu'il faut retenir, c'est que je suis passé en deuxième année, après deux tentatives, sauvé par un excellent résultat en sciences humaines et sociales. D'ailleurs, en deuxième et troisième années, j'ai été recruté par la faculté pour devenir Tuteur de cette matière (en gros, je donnais des cours de soutien aux premières années). C'était encore une fois la seule bouée à laquelle je me raccrochais, parce que vous savez quoi ? Une fois arrivé en deuxième année, après

quelques mois de stage en hôpital et de cours théoriques, j'ai compris que la médecine, ce n'était pas pour moi. Je crois que j'ai été trop lucide trop tôt sur le système hospitalier à bout de souffle, une tarification à l'activité qui industrialise le soin plutôt que de favoriser la proximité et l'écoute du patient, les PUPH (professeur d'université et praticien hospitalier, en gros le top de la chaîne alimentaire du personnel hospitalier) tellement imbus de leur personne et bouffis par l'ego que la moindre remarque vous fait passer pour le Che Guevara du CHU. Bref, je n'étais pas du tout certain d'avoir envie de me taper ça 10 ans avant de pouvoir pratiquer tranquillement à ma façon. Je ne vous raconte pas le nombre de rendez-vous avec le doyen de la faculté pour me faire rappeler à l'ordre sur le respect de la hiérarchie. Un jour, je suis sorti de l'amphithéâtre parce qu'un de ces fameux PUPH, arrivé avec 10 minutes de retard au cours, n'avait pas accepté une camarade en cours qui était allée se chercher un café en attendant qu'il arrive. Je me souviens très bien de sa petite phrase « s'il y en a qui ont un problème avec ça, ils peuvent sortir », surtout je me souviens bien de sa tête quand j'ai fait mes affaires et que je suis parti. J'ai aussi le souvenir de notre professeur de néphrologie qui avait recalé toute la promotion au partiel de deuxième année parce qu'il trouvait « que les résultats, bien que disparates, n'étaient pas à l'image de la qualité de ses cours » (on a appris plus tard que les trois quarts de la promo avaient eu la moyenne, mais qu'il avait décidé de recaler tout le monde pour l'exemple).
Heureusement qu'il y avait les rendez-vous hebdomadaires avec l'équipe du département de sciences humaines,

là j'étais heureux. J'apprenais vitesse grand V, je lisais, je dévorais même, des bouquins de philo, d'histoire (même de droit, c'est pour vous dire). Je rencontre des personnes inspirantes, des militantes d'Act Up, des philosophes, des écrivains, je m'enivrais de toute cette culture qui est aujourd'hui encore en moi. C'est cette richesse culturelle et l'expérience du débat, de la discussion philosophique et de l'étude sociale que j'ai choisies de conserver comme souvenir de ces cinq années à la faculté de médecine de Montpellier.

Il y a une autre personne qui m'apporte beaucoup dans cette période troublée et que je dois vous présenter maintenant : Léa. Léa, c'est celle qui partage ma vie depuis nos 15 ans, c'est ma compagne, mon amie, ma confidente, mon acolyte, mon amoureuse, à l'époque elle n'est pas encore mon épouse, ni la mère de mon fils. À l'époque, on s'installe à peine ensemble. Son quotidien est très différent du mien, parce que Léa est ce qu'on appelle une Youtubeuse, une influenceuse. En fait, elle est surtout une cheffe d'entreprise accomplie, auteure d'un livre, elle partage du contenu inspirant à plus d'un million de personnes sur les réseaux sociaux. Quand nous nous sommes rencontrés, en seconde au lycée, elle venait de commencer à partager des tutos maquillage et beauté sur YouTube, c'était une passion pour elle et je pense que ni elle ni personne à l'époque n'imaginait que grâce à sa vision et son travail, elle allait devenir une des influenceuses les plus connues de France, elle allait construire une entreprise solide et inspirante, elle allait chambouler tous les codes et créer son propre chemin envers et contre tout. Quand j'étais en médecine, nous nous voyions peu : je révise, elle est souvent en voyage pour le travail, en conférence, en salons… C'est grâce à elle que nous sommes, dès nos 18 ans, tout à fait indépendants de nos parents sur le plan financier. Quand je suis passé en deuxième année de médecine, nous avons pu nous installer ensemble grâce à son travail. Nous avions une vie relativement différente des autres jeunes de notre âge. On a toujours été considérés comme un couple atypique, on est toujours restés ensemble, depuis nos 15 ans, Léa gagne bien sa vie, nous avons une vision particulière de notre chemin et nous sommes très fusionnels.

Dans cette ambiance, nous construisons notre avenir ensemble, jusqu'à parler mariage, et même jusqu'à parler enfants. C'est Léa qui tire la première sur ce sujet, elle a toujours voulu être mère et les conditions pour le devenir sont rassemblées. Mais à l'époque pour moi c'est impensable, je suis en troisième année de médecine, nous avons 20 ans, qu'est-ce qu'on ferait avec un bébé ? Moi je nous voyais lancer un bébé une fois mon internat passé, vers la trentaine. Mais pour Léa, c'est impensable d'attendre 10 ans. Petit à petit, à force d'en parler, de peser le pour et le contre, de réfléchir à des façons de s'organiser, on se dit « pourquoi pas ? ». C'est vrai qu'en fin de compte on pourrait avoir un enfant et continuer nos parcours, c'est ce que tout le monde fait finalement. On décide donc de « laisser la nature faire son travail ». Moi je me dis ça va, on a 6 à 12 mois avant que Léa tombe enceinte, ça nous laisse le temps de nous organiser. Sauf que deux semaines plus tard, un dimanche matin, Léa me réveille avec une petite surprise : un test de grossesse positif.

FUTUR PAPA

Je me souviendrai toute ma vie de chaque détail de cette journée si particulière. Son souvenir a une saveur de « premier jour du reste de ma vie ». J'ai l'impression que ce jour-là, je suis passé dans un autre monde, d'un coup, comme ça, tout simplement parce que j'ai dû me rendre à l'évidence : je vais être papa. À ce moment précis, il y a un mélange assez surprenant d'émotions qui me submergent : de la peur, du stress, de la joie mais contenue, parce que bien que cette grossesse fût attendue, elle arrive rapidement et je suis complètement désarçonné par l'idée de devenir responsable d'une autre vie humaine dans 9 mois. Les premiers jours passent à une vitesse folle : prise de sang, confirmation de grossesse, annonce aux parents, rendez-vous gynéco… On ne se pose pas beaucoup cette semaine-là. C'est une fois que le calme est revenu autour de nous qu'il arrive aussi dans mon esprit. Et là, je me rends compte de quelque chose : je ne sais absolument pas comment m'occuper d'un enfant. Bien sûr, je connais les bases biologiques, mais je ne sais pas comment les enfants fonctionnent, je ne connais pas l'allaitement, je ne sais pas si le cododo c'est bien ou pas bien, je ne sais pas porter un bébé en écharpe ni faire un biberon, je n'ai pas le mode d'emploi et quelque chose me dit que c'est un peu plus subtil qu'une étagère Ikea. Je suis donc face à un constat évident : j'ai besoin d'apprendre.

C'est une des choses les plus évidentes pour m'impliquer dans ma parentalité en qualité de second parent : m'informer et me former. Avant de faire toutes les découvertes que j'ai faites sur l'éducation positive, j'avais une vision de la parentalité complètement différente. En fait, j'avais prévu d'élever mes enfants comme mes parents m'ont élevé : c'est plus simple de ne pas se poser de question, non ? Mes parents n'ont jamais levé la main sur moi et c'est une grande chance quand on connaît les statistiques françaises de la maltraitance infantile (un enfant meurt tous les 5 jours sous les coups de ses parents3). En revanche, ils étaient clairement dans un modèle éducatif que j'appelle le modèle « traditionnel », construit sur une relation de domination de l'adulte sur l'enfant qui fixe des règles et qui les fait respecter par la menace et la punition. J'ai donc grandi avec ce modèle et jusqu'au jour où je suis officiellement devenu « futur papa », je ne m'étais jamais demandé si ce schéma éducatif était utile ou valide. Pour moi, j'allais être ce parent garant de l'autorité, dont on a un peu (voire beaucoup) peur, qui est là pour recadrer ses enfants plutôt que pour passer des moments à se câliner et à se dire je t'aime. Parce que c'est le schéma paternel le plus largement répandu en France.

Ça fait des siècles que le patriarcat s'imbrique avec l'adultisme qui conditionne une vision du parent comme d'un tailleur de pierre qui façonne le roc brut que serait son enfant dans la forme qu'il souhaite. Et même si l'enfant avait préféré être un fier menhir se tenant droit dans la forêt, il terminera en bloc de construction pour un bâtiment quelconque, du moment qu'il est bien lisse et bien carré comme les autres.

3 Chiffres issus des inspections générales des affaires sociales (IGAS), de la justice (IGJ) et de l'éducation (IGAENR), 25 avril 2019

Pendant la grossesse de Léa, je cherche donc à m'informer. Il faut aussi le dire, c'est grâce à elle que je le fais, c'est clairement Léa qui donne cette impulsion sur l'éducation. Déjà très sensibilisée à ces sujets-là par curiosité personnelle et intérêt profond pour tout ce qui touche à l'égalité et l'injustice, Léa m'a mis le pied à l'étrier sur le sujet. Je n'étais pourtant pas réticent, mais de moi-même je n'aurais peut-être pas fait cette démarche. On reconnaît ici un exemple de la charge mentale que peuvent porter les femmes dans le couple : convaincre ou informer leur partenaire sur l'éducation des enfants. Aujourd'hui je le vois bien, l'audience de mon compte Instagram est très largement féminine (+ de 80 %), je reçois quotidiennement des messages me demandant conseil pour intéresser son mari, pour réussir à lui faire lire un bouquin ou juste lui faire découvrir un compte Instagram sur la parentalité. Je ne vous parle pas du nombre de mecs qui vont recevoir ce livre en cadeau (oui, coucou, c'est à toi que je parle, si tu es encore là, c'est chouette c'est déjà que tu as ouvert le livre, continue comme ça !).
Je commence donc à avancer sur le sujet grâce à l'impulsion de ma future épouse et, comme si la vie voulait me montrer l'importance de cette démarche, nous allons traverser une épreuve annonciatrice des combats qui sont les miens aujourd'hui.
Nous vivions au dernier étage d'un immeuble, l'appartement sous le nôtre n'est pas occupé, enfin, il ne l'était pas. À quelques semaines de grossesse, une famille s'installe sous notre appartement. Un couple plus âgé que nous, une bonne trentaine, trois enfants entre 2 et 8 ans environ. Nous n'avons jamais trop eu de soucis avec le bruit des voisins

dans notre vie de locataires d'appartement, mais à partir du jour de l'emménagement de cette famille, la situation est très vite devenue intenable. Tous les jours, tous les soirs, nous entendions les enfants pleurer, hurler, parfois des heures. Les premiers jours, nous mettrons ça sur le compte du stress du déménagement, etc. et que ça devait être difficile pour les petits de s'habituer à leur nouvel appartement. Mais les semaines passèrent et les pleurs continuèrent, le plus interpellant, c'est qu'on entendait les parents eux-mêmes hurler sur leurs enfants, se crier dessus, jusqu'au jour où on a clairement entendu des coups. Des coups, suivis de pleurs et de cris. C'était impossible de ne rien faire, nous avons donc appelé le numéro vert pour les enfants maltraités (c'est le 119) pour demander qu'ils puissent aider ces enfants et cette famille. Malheureusement, rien n'a été fait, nous avons appelé plusieurs fois ce numéro, la police est même venue deux fois sans rien faire alors que nous savions que ces enfants étaient régulièrement maltraités : nous étions à bout. Cette impuissance face à une situation aussi terrible était intolérable. Avec la grossesse de Léa, nous ne voulions plus de cette situation et après des relances aux services sociaux et la police, nous avons pris la décision de déménager. Ces quelques mois m'ont beaucoup appris quant à la légitimation de la violence envers les enfants et la normalisation de ces violences :

j'ai compris que notre société n'était pas du tout prête à se départir de nombreux réflexes éducatifs violents qui sont encore bien trop répandus pour être considérés comme anormaux.

Une fois installés dans notre nouvelle maison, une fois le calme retrouvé, nous pouvions de nouveau avancer dans la préparation à la fois de l'accouchement mais également de notre parentalité et la grande certitude que nous avions, c'est que celle-ci allait se faire sans violence.
Avant de parler éducation, il y a une petite étape, trois fois rien, juste une petite chose très facile à gérer : l'accouchement. Nous avions un projet d'accouchement quelque peu particulier puisque nous avions le souhait de pratiquer un accouchement à domicile[4]. « Quoi ? » « Mais c'est fou de faire ça ! » « Avec toute la sécurité qu'apporte la médicalisation en hôpital, je ne comprends pas que des gens puissent vouloir accoucher chez eux comme au Moyen-Âge, c'est hyper risqué ! » Vous vous dites ça ? C'est normal. Moi aussi, je me suis dit ça au départ. Moi aussi, j'avais l'impression qu'accoucher à domicile était une pratique arriérée, réservée aux cas d'urgence, qui mettait en danger l'enfant et la maman. Mais ma vision de cette pratique était dépourvue de toute information concrète sur le sujet, elle était donc complètement fausse. Je ne me rappelle même pas qui a pour la

4 L'accouchement à domicile (AAD) est une pratique légale et remboursée par la SECU d'un accouchement dit « physiologique », le moins médicalisé possible, à la maison, avec une sage-femme formée et expérimentée. Les critères pour pouvoir faire un AAD sont stricts et il ne doit y avoir aucun facteur de risque d'accouchement compliqué, d'hémorragie, etc. Cette pratique peu répandue en France l'est beaucoup plus dans d'autres pays européens. En France, cela concerne environ 1 500 accouchements (soit moins d'1 % des accouchements totaux) et bien que cette pratique démontre une diminution des risques d'hémorragie de la délivrance, de la mortalité et morbidité et d'épisiotomie ainsi qu'un bien meilleur accompagnement à l'allaitement, les professionnels de santé français restent dans une attitude de défiance vis-à-vis de cette pratique et les assurances professionnelles ne couvrent pas les sages-femmes le pratiquant (ou très peu). Voir études statistiques publiées par l'APAAD.

première fois émis l'idée de faire un accouchement à domicile, ce dont je me souviens, c'est cette réaction quasi épidermique de la majorité des personnes de notre entourage. Il a donc fallu nous blinder d'infos. L'accouchement à domicile est pratiqué dans énormément de pays, il ne consiste pas à accoucher seule sans surveillance. Il consiste plutôt à préparer un accouchement dans les conditions les plus apaisées et naturelles possibles, le tout en étant supervisés par une sage-femme qui pratique ces accouchements à domicile. Il y a toute une préparation : à commencer par vérifier qu'il n'existe aucun facteur de risque d'accouchement compliqué, une préparation complète à l'accouchement pour les deux parents et aussi la préparation d'un plan B dans une maternité si besoin le jour J.
Nous avions envie de pouvoir accueillir notre enfant chez nous, dans un environnement le moins médicalisé possible, en toute sérénité. Pour ça, il faut se préparer, j'ai donc commencé à trouver ma place dans la grossesse de ma femme par les rendez-vous de préparation à l'accouchement ! C'est une première étape tout à fait accessible pour nous les seconds parents, pour trouver une place et s'impliquer. Sachez d'ailleurs que la loi prévoit que les pères aient une autorisation d'absence pour 3 rendez-vous médicaux concernant la grossesse sans perte de salaire (plus d'excuse les darons, désolé). Léa et moi développons petit à petit ce qu'on appelle un projet de naissance, avec la playlist à mettre pendant l'accouchement, les différents massages que je pouvais faire pour accompagner Léa, les différentes étapes de la naissance, etc. De façon concomitante, nous voyons aussi à ce moment-là une conseillère en lactation.

Léa a choisi d'allaiter Gaspard le plus possible et nous voulions mettre toutes les chances de notre côté pour que ce soit possible et facile. Malheureusement, les médecins et sages-femmes sont pour la plupart trop peu formés·ées sur le sujet de la lactation et de l'allaitement. Si on rajoute la désinformation permanente des grands groupes fabricants de Préparation Commerciale pour Nourrisson... Attendez, vous ne savez pas ce que sont les PCN ? Normal, personne ne connaît cette dénomination ! Moi non plus avant de me renseigner sur l'allaitement. Les PCN, c'est le vrai nom, la dénomination légale dira-t-on, du « lait infantile » ou du « lait maternisé ». Parce que pour vendre un produit qui n'a rien à voir avec un enfant ou une mère, quoi de mieux que de rajouter infantile ou maternel dans son nom ? Attention, ce petit aparté ne doit pas vous faire penser que je juge négativement les femmes qui font le choix de ne pas allaiter leur enfant. Qui serais-je pour le faire ? Nous sommes toutes et tous libres de nos choix. Ce que je dénonce, c'est la malhonnêteté des grands groupes qui flirtent souvent avec la désinformation dans leur communication, la permissivité de l'état et des pouvoirs publics quant à l'omniprésence de ces groupes jusque dans les hôpitaux et les maternités, et enfin, et surtout, le manque cruel de formation du personnel de maternité, des pédiatres et des médecins en général. Votre bébé allaité a un souci pour dormir ? Arrêtez le sein, passez aux biberons à heures fixes ! Votre nourrisson à des maux de ventre ? Passez aux biberons, ça doit être votre lait le problème. Bref, ce système clairement fait pour favoriser les bénéfices des grands labos et groupes de la petite enfance me rend fou, surtout quand on connaît tous les avantages pour la santé du nourrisson et de la mère de l'allaitement (diminution des risques de cancer du sein, de maladie cœliaque, immunisation du bébé par les anti-corps de la mère transmis par le lait...). L'OMS recommande d'ailleurs comme alimentation l'allaitement exclusif jusqu'à 6 mois, puis accompagné d'une diversification alimentaire jusqu'à 2 ans. Me trouver face à cette réalité de la désinformation sur un sujet que me paraissait aussi important pour mon futur enfant a commencé à briser la glace dans laquelle ma pensée était jusqu'alors figée.

Mais le vrai switch, le vrai changement, c'est la première fois que j'ai vu le documentaire *Même qu'on naît imbattable* de Marion Cuerq[5]. Marion Cuerq, une grande activiste des droits de l'enfant, part en Suède, pays qui a complètement banni les violences physiques, mais aussi psychologiques (les fameuses violences « éducatives ») pour discuter avec des enfants et des parents. Là-bas, elle leur demande de décrire leur enfance, leur éducation et compare avec le modèle français. Ce documentaire est bouleversant. On y découvre que des enfants vivent aujourd'hui dans le monde sans connaître le concept de la fessée. Ils n'ont même pas de mot dans leur vocabulaire pour en parler. Ils sont complètement choqués de savoir qu'il est encore considéré comme normal en France de frapper son enfant, que ce soit une claque ou une fessée. Je rappelle au passage les chiffres de la Fondation pour l'Enfance de 2020 : 23 % des parents

5 Le documentaire *Même qu'on naît imbattables* est disponible à l'achat DVD sur le site https://www.imbattables-lefilm.com/, vous pouvez aussi vous procurer le livre de Marion Cuerq, *Une enfance en nORd* aux éditions Marabout.

déclarent utiliser la fessée, 85 % des Français déclarent utiliser les violences « éducatives ordinaires » avec leurs enfants. Le gouffre est immense entre cette société et la nôtre. En Suède, de 1976 à 2000 (dernière année où des statistiques sont disponibles), 4 enfants au total sont morts par suite de mauvais traitements d'après l'OMS[6]. Je réalise au visionnage de ce documentaire le retard que nous avons dans notre société, mais surtout le retard que j'ai moi-même à mon échelle individuelle. Je découvre le concept de violence éducative. Les violences « éducatives » ordinaires (terme que je déteste puisqu'il associe la violence à l'éducation ce qui est complètement antinomique pour moi), c'est l'ensemble des choses qu'on peut faire subir à nos enfants sous couvert d'éducation mais qui sont en réalité des violences. Ce sont souvent des petites choses, qui paraissent parfois insignifiantes, ce sont des détails, mais des détails qui s'additionnent à d'autres et dont l'accumulation résulte à une enfance insécurisante, instable, stressante et violente. Je ne vous ferais pas de liste, parce que c'est complétement stupide de le faire, comme je disais

6 Pour rappel, en France, un enfant meurt tous les 5 jours sous les coups de ses parents ou d'un proche. J'aime bien les maths, moi, alors je vous propose un petit calcul. En Suède, 4 enfants décédés des suites des violences physiques de la part de ses parents en 24 ans ça donne 0,17 enfants décédés par an ; en France, 1 enfant meurt tous les 5 jours sous les coups de ses parents. En une année ça fait 73 enfants décédés. Mais il faut ramener ce chiffre au nombre d'habitants. En 2000, il y avait 8,8 millions d'habitants en Suède, donc il y a eu 0,17 enfant mort par an pour 8,8 millions de personnes. En France, nous sommes presque 68 millions, par un petit produit en croix, on obtient 1,31 enfant mort (si on ramène la population française à la population suédoise). Toutes ces petites révisions de 6e pour vous dire que les enfants Français ont 7,7 fois plus de risque de mourir sous les coups de leurs parents que les enfants Suédois.

dans l'introduction de ce livre, ce n'est pas un manuel avec des listes de bonnes et mauvaises choses à faire pour être un parent parfait.

Cependant, je peux vous donner mon interprétation de ce concept : les violences éducatives ordinaires, c'est tout ce qu'un adulte peut faire subir à un enfant parce que c'est un enfant, que lui-même n'accepterait pas qu'un autre adulte lui fasse subir.

Quelques exemples ? Si demain je vous force à me faire un bisou parce que je m'en vais, comment vous sentiriez-vous ? Et si je vous rabaissais en public parce que vous n'avez pas compris ou réussi quelque chose ? Si demain je vous demande de vous mettre dans un coin du salon et de regarder le mur parce que vous avez renversé un verre de vin ? Si vous vous tapiez le pied à un coin de meuble et que je vous répondais « allez, ça va, arrête ton cinéma » ? Voilà un petit échantillon du spectre très large de la violence faite aux enfants, des petites remarques blessantes jusqu'à la maltraitance.
Pour creuser un peu plus loin cette question de la violence éducative, je lis pendant la grossesse de Léa un des livres majeurs pour moi sur le sujet : *C'est pour ton bien* d'Alice Miller[7]. Ce livre questionne les fondations de cette violence éducative, il pose la question de comment a-t-on

7 Alice Miller est une philosophe, psychanalyste et écrivaine née en Pologne, formée en Suisse et qui vécut en France. Son travail sur la violence éducative est fondamental. Dans *C'est pour ton bien* (1985), elle décrit le système éducatif violent traditionnel sous le nom de « pédagogie noire » et en illustre ses conséquences par des parcours de vie de personnages historiques.

intégré cette violence dans l'éducation. C'est un livre bouleversant que je vous recommande particulièrement. Je continue sur mon chemin des trouvailles sur la parentalité positive et je découvre Isabelle Filliozat. Isabelle Filliozat est auteure, conférencière et militante des droits de l'enfant. Très impliquée dans les réflexions des politiques publiques sur l'enfance, elle a également écrit des livres très réussis et accessibles sur les émotions des enfants, sur la gestion des colères et des fameuses « crises », mais également sur la sexualité pour les plus grands. Nous étions allés assister à une de ses conférences avec Léa pendant sa grossesse, j'ai le souvenir d'avoir ressenti une grande sérénité lors de ce moment. Isabelle Filliozat a une image que j'aime beaucoup et que j'utilise régulièrement pour décrire comment je me représente ma propre parentalité : le parent, c'est un porte-avions, l'enfant, c'est l'avion. Le porte-avions garde l'avion au chaud, tranquille, à l'abri. Quand l'avion est prêt à décoller, il s'envole ; il part parfois loin, seul, mais il a besoin de savoir que quand il n'aura plus d'essence ou s'il a un problème, il pourra toujours redescendre et atterrir sur son porte-avions qui l'attend.
Au fil des semaines et des mois de grossesse, j'arrive à construire une réflexion autour de cette « nouvelle parentalité », en discutant avec Léa on convient d'une espèce de philosophie éducative qui nous est propre. Je vous disais en introduction de ce livre que l'objectif n'était pas de vous dire quoi faire, mais plutôt de vous raconter comment nous avons fait et comment on fonctionne encore aujourd'hui. L'éducation positive, c'est clairement un sujet polémique, pour plusieurs raisons et j'y reviendrai plus tard, mais c'est

aussi et surtout une façon de voir l'enfant et de penser l'éducation qui s'adapte à chaque parent, à chaque famille. C'est pourquoi j'ai plutôt envie de vous expliquer « notre » éducation positive, vous partager comment nous la définissons et ce qu'on met dans ce terme qui reste relativement vague pour que vous puissiez ensuite faire vos propres recherches et mettre votre propre définition.

NOTRE PARENTALITÉ POSITIVE

La première chose qui me semble importante dans l'éducation positive, c'est la connaissance de nos enfants. On connaît trop peu le développement de nos enfants et c'est bien normal, personne ne nous l'a jamais appris ! On a toujours vu la parentalité comme quelque chose d'inné, comme si au moment où on devenait parent on débloquait tout un set de compétences qui étaient jusqu'alors enfouies. Pourtant, on voit bien que la parentalité est une réelle épreuve, un changement de vie qui peut être très difficile. On voit aussi que malheureusement énormément de parents (particulièrement en France) utilisent des méthodes éducatives violentes, ce qui est à la fois dommageable à l'échelle individuelle de l'enfant, mais également à l'échelle collective. Une société faite d'adultes dont les besoins n'ont jamais été écoutés, qui ne comprennent que les rapports de domination et la violence, ça n'est pas un monde très attirant, non ? Donc pour pouvoir éduquer nos enfants autrement, il nous faut monter en compétences, apprendre. C'est la première étape de mon chemin.

On peut par exemple se renseigner sur les stades de développement de l'enfant. Est-il normal que mon enfant ne « fasse pas ses nuits » après plusieurs mois ? Voilà une question que je me suis posée plus d'une fois (et si vous êtes déjà parent, je sais que vous aussi). En me renseignant, j'ai appris par exemple que l'enfant ne connaît pas le rythme circadien pendant son premier mois. Je vous explique : le rythme circadien, c'est l'alternance jour-nuit. Ça veut dire qu'un bébé d'un mois commence tout juste à faire la différence entre le jour et la nuit ; avant ça, il n'y a aucune raison dans son développement cérébral pour qu'il comprenne qu'il faut dormir plus et sur des plages plus longues la nuit que le jour. Voilà qui enlève déjà une bonne dose de stress, non ? Ce n'est pas ma faute si mon fils « ne fait pas ses nuits » dès le départ, c'est juste qu'il ne sait pas ce que c'est la nuit !
Il en va de même avec la continence, par exemple. La continence, c'est ce qu'on appelle à tort la « propreté ». Je dis à tort parce que pour moi un enfant qui n'est pas encore continent n'a rien de « sale » et donc je refuse d'utiliser un langage qui oppose une supposée « propreté » à cette idée d'un enfant sale. Donc la continence (qui se développe entre 2 et 4 ans, en gros), ce n'est pas un apprentissage, c'est une acquisition. On n'apprend pas à l'enfant à se retenir, tout simplement parce qu'avant un certain moment, c'est impossible pour lui. Et c'est ce qui est dramatique parce qu'en forçant les choses, on risque au contraire de créer des blocages et des traumatismes qui peuvent altérer le bon développement de cette fonction naturelle. Comme pour le sommeil, je me suis demandé comment j'allais pouvoir aider mon fils sur le sujet de la continence, comme pour le sommeil, j'ai cherché

des infos et j'ai découvert ceci : au départ, les enfants ont des muscles qui retiennent l'évacuation de l'urine et des selles, ce sont les muscles sphincters. Ces muscles sont des muscles autonomes (c'est-à-dire qu'ils fonctionnent sur un circuit cérébral qui ne passe pas par la conscience ou la volonté). En gros, ils font leur vie : quand il y a besoin d'évacuer, ils se relâchent automatiquement. Petit à petit, ces muscles vont se modifier, dans leur structure et dans leur chemin neuronal, pour devenir des muscles volontaires. C'est uniquement à ce moment que l'information « j'ai besoin d'évacuer » va remonter dans une partie consciente du cerveau pour que le cerveau puisse dire « oui, vas-y, on peut relâcher les sphincters » ou au contraire « non, non, on ne peut pas tout de suite garde les sphincters contractés ». Le truc, c'est que ces muscles, comme tous les muscles, ils s'entraînent. Donc au départ même si l'enfant commence à avoir conscience de cette capacité de continence, il y a des ratés. Mais petit à petit, l'entraînement musculaire accompagné par un environnement positif et sécurisant vont permettre à l'enfant de développer cette nouvelle fonction de la continence. Encore une fois, avec l'information et la connaissance du rythme de l'enfant, j'ai réussi à relativiser la situation en me disant, il sera continent quand il sera prêt et ça ne sert à rien de faire une fixette là-dessus.

Je me suis débarrassé d'énormément de pression quand j'ai appris que beaucoup de choses n'étaient pas de mon ressort. Mon rôle, c'est simplement de mettre en place un environnement qui va permettre le moment venu de pouvoir exprimer et expérimenter cette nouveauté en se sentant aimé et soutenu.

Donc premier pilier de notre vision de l'éducation positive : la connaissance du rythme et des besoins de notre fils. Le deuxième pilier, et c'est celui qui fait souvent débat, c'est le respect des besoins de chacun.
Souvent, dans la parentalité positive, on entend parler du respect des besoins de l'enfant. Oui, c'est évident, un enfant a des besoins et notre rôle en tant que parent c'est de permettre à l'enfant d'exprimer ses besoins. Mais malheureusement, comme dans toute pensée philosophique, il y a une frange un peu plus radicale. Pour certains, le respect des besoins de l'enfant est tellement important que les parents doivent tout faire pour y arriver, jusqu'à oublier leurs propres besoins. C'est là où la nuance est importante pour moi : bien sûr que le respect des besoins de l'enfant est fondamental, mais il faut trouver un fonctionnement qui permette aussi aux parents d'exprimer et de faire respecter leurs besoins. Je m'explique : nous, par exemple, nous adaptons énormément notre quotidien à notre fils, parce que nous voulons qu'il se sente en sécurité, aimé et soutenu. En revanche, ça nous arrive aussi de dire « écoute, là, je prends un temps pour moi je ne peux pas jouer avec toi, je sais que tu as envie qu'on joue ensemble mais là j'ai besoin de me poser un peu ». Pour reprendre l'image du porte-avions d'Isabelle Filliozat, si le porte-avions n'a plus d'essence ou que la piste d'atterrissage est abîmée, l'avion ne pourra plus se poser dessus en cas de besoin. C'est cette cohabitation des besoins qui est difficile parce qu'on est en permanence dans le compromis, mais c'est aussi ce qui permet de créer le dialogue, de laisser chacune et chacun exprimer ses émotions et ses besoins. Pour matérialiser ces

émotions et ces besoins, nous avons pendant longtemps eu un tableau à la maison avec une colonne pour chaque membre de la famille et ensuite des cases « Je me sens » pour chaque émotion (colère, tristesse, sérénité, peur, joie, surprise…) puis des cases « J'ai besoin de… » (m'isoler, jouer, manger, me reposer, sortir…). Les aides visuelles fonctionnent très bien chez nous.
Le dernier pilier de notre parentalité positive, c'est la non-violence. Je vous ai parlé plus tôt de la violence dite « éducative ordinaire », mais ça me semble important de le rappeler : la non-violence est la clé de l'éducation. Si on passe par la violence, qu'elle soit physique, bien sûr, mais également psychologique (menaces, chantage, cris…), on va à la fois détériorer le lien d'attachement qui nous lie à notre enfant, mais on va aussi perturber son développement et ce sont des réflexes qui seront ancrés chez lui jusqu'à sa vie adulte. Avec Léa, on a eu la chance d'avoir été élevés par des parents qui ne nous ont jamais frappé, c'est en fait une minorité quand on regarde les statistiques en France, mais cela n'empêche que l'ambiance éducative était baignée dans ce rapport de force et d'autorité permanent, ce qui ne nous a pas aidé à imaginer et construire un autre modèle. Alors pourquoi la non-violence ? C'est très simple, la violence physique ou psychologique est une atteinte au développement de l'enfant ainsi qu'une violation de ses droits. Pendant très longtemps, la société a toléré la violence envers les enfants en la plaçant sous le cadre de l'éducation. L'enfant arrive au monde comme un bloc d'argile et les parents ont la responsabilité de sculpter et tailler ce bloc de la forme et la taille qu'ils estiment convenable. Dans cette vision, le parent, l'éducateur,

n'importe quelle figure d'autorité a des droits sur l'enfant. Il a le droit de le punir, de le menacer, de lui faire peur, de le frapper, de l'humilier. Pourquoi ? Parce que « c'est pour son bien ». Voilà le paradigme qui est encore malheureusement dominant dans notre pays.
Aujourd'hui, bien qu'elle soit largement insuffisante car non accompagnée de sanctions ou même de moyens d'accompagnement et d'information, une loi existe : c'est la loi dite n° 2019-721 du 10 juillet 2019 relative à l'interdiction des violences éducatives ordinaires qui dispose dans son article premier que « L'autorité parentale s'exerce sans violences physiques ou psychologiques. » Nous avons donc dû attendre 2019 pour que dans notre pays, le pays des droits de l'Homme, la loi proclame enfin le droit des enfants à ne pas subir de violence sous couvert d'éducation. Pourtant malgré la loi, nous sommes encore bien loin du compte. La France est une des mauvaises élèves de l'Europe pour les droits de l'enfant, le taux de maltraitance, d'inceste, de punitions… Il suffit d'allumer la télé pour voir l'image que l'on a des enfants entre des psychanalystes conservateurs en croisade contre l'éducation positive qui recommandent d'enfermer les enfants dans leur chambre et de les laisser pleurer et Super Nanny, nous avons encore du chemin.
Pourtant, pour l'expérimenter depuis 5 ans maintenant à la maison, abandonner tout rapport de domination et d'expression de l'autorité par la violence est clairement la démarche la plus libératrice que nous avons mise en place. Je ne dis pas que c'est facile, loin de là. Tout dans notre quotidien nous pousse à construire un rapport de force avec l'autre. Cette réflexion rejoint une vision complètement

différente de l'enfant. Pour moi, chaque enfant est unique, il arrive au monde avec une personnalité, des besoins différents et spécifiques. Petit à petit, son caractère et son unicité s'expriment, et c'est le rôle du parent de suffisamment sécuriser son environnement pour qu'il se sente libre de s'exprimer. Il n'y a donc pas lieu de développer une relation d'autorité entre le parent et l'enfant, en tout cas pas d'autorité dans le sens de domination.

Un rapport d'autorité naturel existe déjà si on considère que le parent est présent pour protéger son enfant, c'est le même rapport qu'une plante et son tuteur, elle s'appuie sur lui et pousse grâce à lui, tout en gardant son propre chemin et son individualité.

À la seconde où le parent pense que cette autorité lui donne des droits sur son enfant, que cette autorité a parfois besoin pour être affirmée d'user de la force, de la menace, de la punition, de la violence… Alors, à cet instant, on est dans l'autoritarisme, dans la violence et dans l'abus.

CONSTRUIRE UN PROJET PARENTAL

Tout au long de la grossesse, j'emmagasine donc un maximum d'informations sur l'éducation positive, la violence éducative, les rythmes et besoins de l'enfant. Bref, je me prépare à devenir parent. Mais pour que ça fonctionne, il faut que les deux parents soient sur la même longueur d'onde (quand il y a deux parents). Pour que cette éducation fonctionne et ne finisse pas par nous épuiser, il faut qu'on soit

complètement alignés sur des principes, des valeurs fondamentales qu'on veut mettre au centre de notre foyer. Pour ça, on a construit avec Léa un projet parental. Vous pouvez choisir de matérialiser ce projet dans un cahier, dans un document sur votre ordinateur que vous pouvez ressortir en cas de besoin. Pour nous, l'important c'était surtout de vérifier qu'on était bien d'accord sur les fondamentaux et qu'on réagirait de façon cohérente avec notre enfant. Je vous ai décrit dans le chapitre précédent les trois piliers de notre vision de la parentalité : la connaissance de notre enfant, le respect des besoins de chacun et la non-violence.
Donc après avoir beaucoup lu et appris sur le « pourquoi », on a commencé à discuter du « comment ». Parce que oui, j'ai bien compris que laisser pleurer ses enfants dans leur chambre seuls pendant une demi-heure, c'était une énorme dose de stress (qui provoque une libération de cortisol dans le cerveau qui a un effet négatif sur le développement cérébral si c'est fréquent) mais je ne sais pas comment endormir un enfant dans le calme et comment rester serein après 4 heures de tentative d'endormissement. D'autant plus que ni Léa ni moi n'avions de modèles parentaux qui pratiquaient l'éducation positive, nous n'avions pas d'exemples autour de nous, pas de repères. C'est à ce moment-là que nous avons commencé à découvrir des comptes de parentalité positive sur les réseaux sociaux, majoritairement des Américains avec le *gentle-parenting*. Alors évidemment, comme pour tout, sur les réseaux sociaux, il faut savoir faire le tri. Sur la parentalité positive, on trouve beaucoup de bêtises (pour rester poli). Il y a des escrocs qui vendent 500 € des programmes bidon pour s'épanouir en tant que parents, il y a

des personnes superbes qui proposent des contenus inspirants et utiles. Grâce à des comptes comme Soline S'éveiller, Papatriarcat ou encore Fanny Vella, on a vraiment compris cet aspect « mise en pratique » et surtout on a tracé ce qu'on appelle nos « lignes rouges ». Nos lignes rouges, ce sont des choses que l'on s'interdit de faire avec notre enfant, mais aussi et surtout qu'on interdit à quiconque.
La première ligne rouge évidemment, c'est la violence, qu'elle soit physique ou verbale. Pas de cris, pas de punition, pas de menace, pas de « petite fessée », aucun geste violent. Ça paraît complètement idiot de le préciser ici, parce que vous qui lisez ces lignes je sais que vous en êtes sûrement tout aussi convaincu·e que moi. Mais ce n'est pas évident pour tout le monde et vu le modèle éducatif prédominant dans notre pays, c'est quelque chose à expliciter et à rappeler constamment.
La deuxième ligne rouge, c'est le respect du corps et du consentement de notre enfant. Pour nous, cette notion est doublement primordiale. D'abord, parce que le droit au respect du corps est un droit fondamental de l'enfant et qu'il est indispensable d'en avoir conscience en toute situation. Ensuite, parce que respecter le corps et le consentement de notre enfant, c'est aussi lui donner l'exemple et montrer que ce consentement est obligatoire, c'est commencer à planter une graine de respect des autres dans son esprit, dès le plus jeune âge. Concrètement, ça veut dire qu'on ne forcera pas notre enfant à se déshabiller, à être changé, à faire des bisous à tata, à faire un câlin quand il n'a pas envie, à être porté par quelqu'un quand il n'a pas envie... On va respecter son consentement, tout simplement.

Le troisième pilier de notre vision des choses a priori était l'école. Dans la construction de notre projet parental, nous avons inévitablement atteint une conclusion qui, bien que malheureuse, reste tout à fait valide de mon point de vue encore aujourd'hui : l'école n'est pas adaptée à l'éducation positive. Je vais peut-être reformuler pour plus de clarté. Pour moi, l'école, dans sa forme d'institution publique, est une institution profondément inégalitaire et violente. J'y reviendrai dans la dernière partie de ce livre parce que cela fait partie des combats que j'ai entrepris aujourd'hui, mais oui, l'éducation nationale est pour moi aujourd'hui un échec total que ce soit pour les élèves dont le niveau scolaire est relativement bas avec un niveau d'épanouissement trop faible, mais également pour des enseignants qui s'épuisent à faire tenir debout un château de cartes en pleine tempête. Pour nous donc, dans la construction d'un projet parental cohérent, l'école publique « classique » n'était pas une option. Mais le principe même de la scolarisation est à réfléchir, nous avons pendant longtemps imaginé pratiquer l'instruction en famille. Ce mode éducatif, bien plus répandu à l'étranger qu'en France, est très mal perçu dans notre pays. Pourtant, dans l'idéal et au moins pour les 6 premières années de la vie d'un enfant, il me semble être le meilleur modèle. L'instruction en famille (IEF) se fonde sur les apprentissages autonomes (voir les ouvrages d'André Stern) et la liberté de l'enfant. Dans une société plus tournée vers l'épanouissement familial, avec de vrais congés parentaux longs, une vision de l'enfance moins étriquée voire archaïque, ce serait le modèle le plus logique pour la plupart des parents. Cependant, aujourd'hui, ce n'est pas le cas, et l'IEF reste tout

à fait marginale, voire stigmatisée par des élites technocrates qui ne jurent que par le formatage et la disparition de toute spécificité individuelle. Pour notre famille, nous avons donc choisi de nous laisser le temps. Nous savions que quoi qu'il arrive nous ne le scolariserions pas dans une école classique, mais nous n'avions pas encore choisi le mode d'instruction qui nous irait le mieux.
Une fois que ces grands principes furent établis, nous avons commencé à tenter de les présenter et de les expliquer autour de nous. Il est évident que la parentalité positive reste marginale et nous nous sommes confrontés à de grandes difficultés dans notre entourage, que ce soit face à des professionnels de santé et de la petite enfance ou dans notre entourage familial et amical.
Lors de la grossesse de Léa, j'étais toujours étudiant en médecine, en troisième année. Mes journées étaient divisées en deux, les matins à l'hôpital en qualité d'externe en médecine (les petits jeunes qui font les cafés, en gros) et les après-midi en amphithéâtre. J'ai rarement évolué dans un milieu aussi peu bienveillant pour être tout à fait honnête. Entre les chefs de service qui traitent les élèves comme des larbins et les deux minutes trente par patient, j'étais en complète dissonance avec tous les concepts de bienveillance, de respect du corps, du consentement et de communication positive que je découvrais dans la sphère de l'éducation. Le corps médical n'est pas du tout formé (ou beaucoup trop peu) sur le neurodéveloppement de l'enfant, sur ses besoins et sur la relation parent-enfant. Les futurs pédiatres, par exemple, devront connaître par cœur une liste faramineuse de pathologies de l'enfant et de traitement associé.

C'est très bien, mais ils ne sont absolument pas compétents pour comprendre et accompagner des parents et des enfants sur des problématiques d'ordre éducatif ou parental. Pourtant, le premier pédiatre que nous avons rencontré après la naissance de Gaspard s'était permis des remarques tout à fait infondées du style : vous ne devriez pas le garder en écharpe de portage, il va s'habituer et après vous allez galérer. Vous commencez à me connaître, je n'ai pas pu m'empêcher de lui demander dans quel chapitre du collège de pédiatrie (le livre que tous les futurs pédiatres doivent connaître par cœur pour passer l'internat, en gros) cette notion était abordée. Parce qu'en fait, sur ce genre de thématiques, les médecins, les pédiatres etc. donnent leur avis, qui n'a pas plus ou moins de valeur que le vôtre, celui de votre boulangère ou de votre cousin. Ces avis ne sont que des constructions sociales, absolument pas fondées sur des vérités scientifiques. Je ne dis pas qu'il faut être méfiants et dans la confrontation avec les professionnels de santé, simplement qu'il faut savoir faire la différence entre leur expertise médicale réelle et valide, et des avis personnels éducatifs qui ne se basent sur aucune compétence académique ou professionnelle.
Après le corps médical, c'est aussi et surtout à l'entourage qu'il faut expliquer notre démarche. Nous ne l'avons pas fait pour nous justifier, mais plutôt pour les préparer. L'idée, c'était de dire « voilà comment nous allons fonctionner avec Gaspard, voilà pourquoi. Si cela vous pose un problème, dites-le maintenant et on en parle parce qu'après nous allons vous demander de respecter cette façon de faire si vous voulez passer du temps avec nous. » Ça peut

paraître un peu abrupt comme ça, mais c'était une façon pour nous de nous protéger et de protéger notre fils. Nous n'allions pas faire de compromis. Le moment est venu de vous proposer un petit florilège des commentaires que nous avons reçus et qui vont sûrement vous rappeler de bons souvenirs si vous êtes déjà parent ; si vous ne l'êtes pas encore, voilà ce qui vous attend probablement.

- *« Vous dites que vous ne le laisserez pas pleurer, mais attendez de voir, moi j'en ai eu 3, je les ai laissés pleurer et ils se portent très bien, c'est beau d'avoir des principes, mais vous verrez quand vous serez vraiment parents. »*
- *« Moi, j'ai pris des claques et des fessées, ça ne m'a pas tué. »*
- *« On en reparle quand il fera son* terrible two *»*
- *« Si vous ne lui apprenez pas la frustration, vous allez en faire un enfant roi. »*
- *« Le portage, ça habitue trop l'enfant à votre contact, vous ne pourrez jamais le poser. »*

Voilà donc un petit best of des remarques qu'on a entendues. C'est extrêmement difficile de faire la démarche qui a été la nôtre sans avoir ce genre de réactions. Pourquoi ? Parce que quand on dit « nous ne voulons pas laisser pleurer notre enfant », certaines personnes entendent « vous avez été de mauvais parents parce que vous avez laissé pleurer vos enfants ». Pourtant, notre démarche a toujours été individuelle et nous avons tout fait pour ne pas juger ou culpabiliser les autres. Même vis-à-vis de nos parents, c'est délicat puisqu'en disant qu'on ne veut pas éduquer notre fils comme ils nous ont éduqués, on pourrait croire qu'on dénonce en quelque sorte l'éducation qu'ils nous ont donnée. En tout cas, j'avais peur que ce soit comme ça qu'ils le prennent. Heureusement, nous avons la chance d'avoir Léa et moi des parents qui ont rapidement compris notre démarche. Je me souviendrai toujours d'une phrase que mon père m'a dite lorsque nous discutions justement de ma propre enfance, en parlant de la différence entre notre éducation et celle de mes parents : « *tu sais, en fait, nous, on ne s'est jamais posé la question de comment on allait vous éduquer, on a fait comme on pensait être bon sans jamais y réfléchir vraiment* ». Il m'est pourtant arrivé d'avoir à entrer en conflit avec des personnes très proches. J'ai vécu une situation où malgré toute ma pédagogie, toutes mes explications, la personne en face n'acceptait pas de respecter notre vision. Elle ne comprenait pas que nous refusions que notre bébé de six mois soit passé de bras en bras comme un trophée pendant un repas de famille, que je m'isole avec lui pour l'accompagner dans son sommeil, qu'on ne le laisse pas pleurer... Bref, vous avez compris l'idée. Dans ce cas-là, deux choix s'offrent à vous (et ces mêmes choix se sont offerts à moi) : soit cette personne n'est pas assez importante dans votre vie pour que vous luttiez, alors vous coupez les ponts. Ça peut paraître extrême mais c'est la seule solution qui préserve votre santé mentale et la sécurité affective de votre enfant. Deuxième cas, cette personne est trop proche de vous (familialement, amicalement...) et vous ne pouvez pas couper les ponts complètement, c'était mon cas. Dans cette situation, il faut s'armer de patience et de courage. Le courage d'abord pour dire non. Moi j'ai dû prendre la personne concernée entre quatre yeux et lui dire : « écoute, maintenant si tu veux me revoir, revoir mon fils, qu'on continue à passer ces moments ensemble il va falloir que tu respectes nos choix. C'est non négociable. Si tu n'es pas capable de tolérer notre façon de faire, c'est que l'amour qu'on se porte l'un pour l'autre n'est pas assez fort. » Alors bien sûr, vous allez sûrement passer par une phase de froid, d'où la nécessité d'être patient. Aujourd'hui après bientôt six ans à nous voir évoluer avec Gaspard, cette personne a pu voir d'elle-même les bienfaits de la non-violence, de la positivité et du respect de l'enfant. Je n'ai pas de ressentiment envers elle parce que je comprends cette réaction primaire chez les plus âgés : voir quelqu'un faire autrement, c'est aussi remettre en question ce qu'on a vécu enfant et ce qu'on a fait nous-même en tant que parent. Pour moi, c'est une clé de compréhension énorme d'accepter que la majorité des parents des anciennes générations, mais aussi une bonne majorité des parents aujourd'hui fonctionnent ainsi : on ne se pose pas la question. Cependant, et comme vous allez le voir dans la suite de ce livre, beaucoup de parents aujourd'hui sont dans une réflexion tout à fait nouvelle vis-à-vis de nos enfants : comment éduquer ?

LES PREMIERS JOURS À TROIS

Après vous avoir raconté un peu notre parcours avec Léa de l'annonce de la grossesse à nos premières découvertes théoriques sur la parentalité positive, le développement et les besoins de l'enfant, il est temps que je vous raconte l'arrivée de ce bébé !

Pour préparer au mieux l'arrivée de notre enfant sur cette planète, nous avions construit un projet. Ce projet, dans la lignée de notre projet parental, était un peu particulier. Comme je vous l'ai déjà dit, nous avions le projet de faire un accouchement à domicile. Dans la préparation à l'accouchement, j'ai pu trouver ma place avec une méthode qui s'appelle la méthode Bonapace. Globalement, c'est une méthode d'accouchement où le partenaire a un rôle essentiel dans l'organisation, mais aussi sur le moment avec des massages, des points d'acupression, etc. C'est une vision globale de l'accouchement qui englobe la mère, l'enfant, le second parent et la sage-femme dans une équipe soudée.

Mais bien sûr, comme un bon plan ne se déroule jamais sans accroc, notre accouchement rêvé à la maison n'a pas eu lieu. Le jour du terme, toujours aucun signe de notre petit Gaspard, il était sûrement bien trop à l'aise avec sa mère (et qui pourrait le lui reprocher ?). Le jour suivant, toujours rien, « marchez, faites des plats épicés » qu'on nous disait, rien n'y a fait. Le troisième jour de dépassement de terme, comme convenu avec la sage-femme, nous avons dû renoncer à notre projet d'accouchement à domicile pour aller à la maternité. Le souci, c'est qu'à la maternité non plus, il ne s'est rien passé ! Après 5 jours de dépassement de terme et 11 heures de travail, notre fils est arrivé le 17 février 2018, au milieu de la nuit.

Je me souviendrai évidemment toujours de ce moment. D'abord, parce que j'étais mort d'inquiétude pour la santé de mon épouse qui a eu besoin d'être soignée juste après l'accouchement, puis parce que là, officiellement, je devenais père. C'est étrange, mais j'ai vraiment l'impression de ne m'être senti père qu'au moment de voir mon fils. C'est

peut-être différent pour une mère qui porte son bébé pendant la grossesse, mais pour moi, ça a vraiment démarré au moment où, après sa première tétée, j'ai pris Gaspard dans les bras et je l'ai amené faire sa pesée et tous les tests qui se font habituellement à la naissance. Après un temps, nous n'étions plus que tous les trois, notre famille, dans cette salle d'accouchement, exténués, dans l'attente de pouvoir monter en chambre. Les jours qui ont suivi ont été difficiles, Gaspard ne prenait pas de poids et avait du mal à téter correctement, ce qui engendra aussi des douleurs et des plaies pour Léa. Le personnel de la maternité ne nous a pas suffisamment soutenus dans cette volonté d'allaiter et les relations ont été rapidement conflictuelles. Heureusement que nous étions correctement informés, que nous nous étions préparés. Notre consultante en lactation est passée à l'hôpital et a suggéré que le frein de langue de notre fils était trop court, une petite incision sous la langue par une pédiatre et ce fut réglé, après 5 jours à la maternité, quelques prises de bec et bien trop peu de sommeil, nous rentrons chez nous.
Les premiers jours à la maison sont un grand soulagement. Déjà parce que notre fils est en bonne santé, Léa également, mais aussi parce que nous avons retrouvé notre cocon, protégés et ensemble. Très rapidement, je comprends que l'allaitement est une réelle épreuve pour les mères. Bien sûr, la liste des bienfaits (pour la mère et pour l'enfant) est énorme et de savoir que nous faisions le meilleur pour notre fils me remplissait de joie. Mais j'ai aussi vite compris que c'était à la fois épuisant et extrêmement prenant pour la maman. Les tétées en pleine nuit, des heures à ne pas pouvoir bouger en journée parce que Gaspard est au sein ; bref, je me

suis rendu compte de l'importance de ce qu'on appelle le second parent. Mon rôle à ce moment est double : je dois gérer la logistique de la maison (les repas, le linge, le ménage, etc.), mais je dois aussi construire ma propre relation avec Gaspard, créer ce lien d'attachement entre nous. Pour ça, j'ai découvert une chose assez magique : le portage. Le portage, c'est donc porter son enfant contre soi, tout simplement. On utilise des écharpes tissées, nouées, élastiques ou rigides, des porte-bébés, bref, beaucoup d'options s'offrent aux nouveaux parents souhaitant recréer ce qui est en fait une disposition innée chez l'humain. J'avais pris des cours de portage avant la naissance de Gaspard pour me préparer. Il y a quelques règles de sécurité pour porter un enfant sans danger et pour qu'il soit le plus confortablement installé[8]. Et donc, muni de mon écharpe de

8 Petit point portage : le portage est une pratique ancestrale humaine. Nous sommes des êtres poilus aux origines et les nourrissons étaient portés par leurs parents en s'agrippant à eux et en se tenant aux poils. En Italie, des archéologues ont découvert des restes d'un porte-bébé vieux de 10 000 ans ! Pourtant, bien que présente depuis les origines, cette pratique est aujourd'hui à la fois décriée pour des supposés effets négatifs sur la relation parent-enfant (il s'habitue trop aux bras, il va toujours te coller, etc.) mais elle est aussi souvent loin de la physiologie d'un bébé ou d'un enfant. Je m'explique, pour que le portage respecte l'anatomie de votre enfant, il faut suivre quelques règles faciles :
- les genoux de bébé doivent être plus hauts que ses fesses ;
- sa tête repose sur votre torse ;
- la nuque doit être maintenue.
Ces trois points permettent ce qu'on appelle la bascule du bassin et donc la position physiologique :
- la tête doit être « à hauteur de bisous » ;
- les voies respiratoires doivent être dégagées ;
- la tête doit être visible et pas enfouie.
Pour parler franchement, les portes-bébés qui tiennent les bébés face au monde, par l'entrejambe, droits comme un piquet, ça n'a aucun sens et il faudrait les interdire à la vente.

portage, j'étais parti pour des heures de rangement ou de cuisine avec mon fils contre moi. C'est fou à dire mais quand je portais Gaspard, j'avais vraiment la sensation qu'un bien-être, une énergie presque palpable se diffusait entre nous. Il adopta cette pratique très rapidement et je pouvais ainsi relayer Léa pour les endormissements, pour qu'elle puisse aussi se reposer et prendre du temps pour elle.

On n'en parle pas suffisamment mais la dépression du post-partum est un sujet primordial dont tous les parents devraient entendre parler avant la naissance de leur enfant. 15 à 20 % des mères souffrent d'une dépression dans l'année suivant la naissance de leur enfant selon l'enquête nationale périnatale de 2021. C'est énorme. Le manque de relais, de soutien et de repos participent grandement à fragiliser la maman qui vient de vivre l'épreuve qu'est un accouchement. Il faut que le second parent fasse sa part, tout simplement, c'est pour ça aussi que je lutte pour que le congé du second parent soit allongé et j'y reviendrai plus tard dans le livre. J'entends souvent des gens dire : « il est sympa, il aide sa femme » quand un mari participe aux tâches ménagères ou à la charge éducative à la maison. Je m'insurge contre cette vision des choses.

Un père qui fait le ménage ou la cuisine parce que sa femme se repose après l'accouchement ou qu'elle allaite, un père qui porte son enfant contre lui, qui va au parc, prépare les biberons ou que sais-je, n'est pas un père qui « aide sa femme » : c'est un père qui fait sa part, tout simplement.

C'est une distinction majeure si on veut commencer à imaginer des foyers plus égalitaires où la charge mentale serait partagée entre les deux parents. Un père est tout aussi capable d'effectuer ces tâches-là, de penser aux rendez-vous médicaux de son enfant, de tenir son carnet de santé à jour… Mais nous vivons encore aujourd'hui dans une société patriarcale où le fait qu'un homme prenne soin d'un enfant ou de sa femme, se montre sensible, précautionneux, délicat, c'est mal perçu. Je ne vous raconte pas les regards au marché du village quand je portais mon fils en écharpe, entre les anciens qui me disaient « mais il ne va pas s'étouffer là-dedans » et les regards de certains hommes : manifestement, un bébé en écharpe contre son père, ça perturbe. Je vais même vous raconter une petite anecdote concernant le portage et le fait qu'on ait du mal à imaginer un père porter son enfant. Un jour, Gaspard devait avoir 6 mois environ, nous sommes allés à Paris avec Léa pour un événement familial. Pour cet anniversaire, toute sa famille était réunie et nous mangions dans un restaurant proche de l'école militaire (pour celles et ceux qui ne connaissent pas c'est un bâtiment d'enseignement militaire public où vivent et s'entraînent les futurs·res officiers de l'armée, un bâtiment donc très sérieux). Pendant notre repas au restaurant, Gaspard n'était pas très bien : fatigué, trop de bruit, c'était difficile pour lui. Je décide donc de le prendre contre moi en écharpe et d'aller faire un tour pour l'endormir· en marchant. Mais à Paris, à cette période, il ne faisait pas chaud, et, puisque je suis devenu un grand porteur, j'ai un manteau de portage (c'est un manteau classique, mais dont le ventre est agrandi pour pouvoir le refermer par-dessus notre enfant qui est contre nous en écharpe de portage). Je mets le manteau, je le referme pour que Gaspard n'ait pas froid, de sorte qu'on ne le distingue quasiment pas si on ne regarde pas par-dessus, au niveau du cou. Je pars me promener et je fais donc les cent pas, comme beaucoup de parents font, dans la rue, devant une des entrées de l'école militaire. Au bout de quelques minutes, je vois trois gardes armés pas du tout rassurants venir vers moi, en train de parler dans des talkies-walkies, et je remarque qu'il y a un peu plus de gardes qu'au départ devant l'entrée. Ils arrivent à mon niveau, la main sur leurs armes, je me dis qu'ils doivent chercher quelqu'un, puis d'un coup le premier garde qui arrive me crie : « Ouvrez votre manteau tout de suite ». C'est à ce moment-là que j'ai compris ce qui a dû se passer dans leur tête. Un mec avec un gros manteau noir qui semblait cacher quelque chose autour du ventre, qui fait les cent pas devant un bâtiment public : dans leur tête, ce n'est pas un père qui veut juste endormir son fils en écharpe ! J'ouvre donc le manteau et dans les yeux de ce garde, j'ai vu un soulagement profond, bien désolé de leur avoir causé une frayeur pareille, je leur ai montré l'écharpe et j'ai même appris à faire un nœud classique à un des gardes qui allait devenir papa.

Tout ça pour dire que la paternité est encore loin d'être sortie des carcans du patriarcat et que ma façon de prendre soin de mon fils a souvent été mal perçue, incomprise ou carrément dénigrée.

Petit à petit, après que les grands-parents étaient passés voir Gaspard, que les remous de l'arrivée d'un enfant dans une famille avaient fini par se calmer, nous avons donc commencé à vivre dans une certaine routine Léa, Gaspard et moi. Le terme de routine reste relatif puisque la vérité c'est qu'avec un nourrisson, cette idée de journée qui se ressemble et d'un bébé dont on arrive à prédire les besoins et réactions par habitude semble être un lointain mirage. La vérité, c'est que chaque jour est différent, chaque nuit est différente et avec cette instabilité viennent les deux meilleures amies des jeunes parents : fatigue et incertitude. Cependant malgré cet équilibre qui n'est en fait qu'une suite de déséquilibres relativement bien rattrapés, nous commençons à développer certaines habitudes avec Léa, au moins sur le plan logistique. L'allaitement se poursuit (il s'est poursuivi jusqu'aux deux ans de mon fils, et pour ça je ne remercierai et ne féliciterai jamais assez mon épouse), Léa est en congé maternité pour 6 mois, et moi... Eh bien moi, techniquement, je suis absent pour maladie à la fac de médecine. Pourquoi ? Parce qu'avant la naissance de mon fils, je suis allé voir le service administratif de médecine pour leur demander comment on pouvait fonctionner et à quel congé j'avais le droit, la réponse fut tout aussi triste que surprenante : aucun congé n'est prévu pour les étudiants devenant parent en médecine (en tout cas à Montpellier, en 2018). Comment je me suis débrouillé ? Les deux premières semaines, je me suis fait porter pâle avec un faux certificat médical, puis nous nous sommes organisés avec Léa. La nuit, elle se levait dans l'immense majorité des cas puisqu'elle allaitait Gaspard et que c'était le meilleur moyen de le rendormir. Le matin, (ou plutôt la fin de nuit puisque Gaspard se levait vers 5 h tous les matins), je prenais le relais afin que Léa puisse récupérer quelques heures. Je n'avais que des

cours magistraux le matin, je pouvais facilement rattraper les enseignements. Ensuite, une fois que Léa se levait je faisais son déjeuner et je partais en stage à l'hôpital. Une fois rentré le soir, je prenais le relais pour le dîner puis nous couchions Gaspard en équipe, avant de nous écrouler après 3 minutes de Netflix (quand les dieux du sommeil des bébés nous permettaient cette douce folie).
Semaine après semaine, la fatigue s'accumule pour Léa et pour moi, les journées rythmées par mes allers-retours à la fac et à l'hôpital ne nous permettent pas de prendre du temps à deux, du temps pour soi, de nous reposer. Petit à petit, mon nouveau quotidien de jeune père rentre directement en conflit avec celui de l'étudiant en médecine que je suis, s'ajoutant ainsi à un sentiment d'ennui et de désintérêt que je ressentais déjà pour ces études. Voilà pourquoi, au bout de 4 ou 5 mois, un soir, alors que nous dînions tous les trois, je dis à Léa : « T'en penserais quoi si j'arrêtais complètement la médecine et que je me consacrais à la garde de Gaspard ? Genre je deviens père au foyer ? ».

PÈRE AU FOYER,

vivre la parentalité positive
au quotidien

LA ROUTINE D'UN PÈRE AU FOYER

Me voilà donc, ancien étudiant en médecine, père au foyer à 21 ans d'un bébé de 6 mois, découvrant la parentalité positive avec mon épouse. Pour être tout à fait honnête, le choix d'abandonner mes études de médecine m'a libéré d'un poids énorme. Le souci, c'est que certaines personnes de mon entourage n'ont absolument pas compris ce choix. Bien que malheureux, j'aurais dû persister afin d'aller au bout d'un cursus encore très long, passant à côté des jeunes années de la vie de mon fils, pour finalement faire un boulot qui ne me plaisait pas, le tout au nom de la sécurité de l'emploi, du conformisme et de la fierté. Le hic, c'est que moi, j'ai une épouse qui a lancé sa boîte seule, à 17 ans, qui n'a que le BAC et qui est à la tête d'une entreprise florissante, qui emploie 5 personnes... Bref, j'ai dans ma vie l'exemple parfait d'un anticonformisme assumé, d'une femme forte qui a su prendre des risques et qui a toujours mis en avant la valeur du travail. Évidemment, si nous n'avions pas eu la sécurité financière apportée par le travail de mon épouse, nous n'aurions pas pu imaginer cette solution. Et c'est bien dommage, parce que pour moi tous les parents devraient avoir un temps pour vraiment créer du lien avec leur enfant : aujourd'hui, le congé parental n'est ni assez long, ni assez bien rémunéré pour que les parents prennent ce temps-là. Mais comme je le disais, nous avons eu l'opportunité de faire ce choix-là et j'ai saisi cette chance de construire un lien solide entre mon fils et moi. Ce choix nous rassure énormément : nous craignions de devoir chercher un mode de garde pour Gaspard, nous avions peur

parce que nous ne pouvions pas garantir à 100 % que nous allions trouver un mode de garde qui correspondait à nos convictions.
À partir des 6 mois de notre fils, nous avons donc basculé sur une nouvelle « routine » : je reste à la maison, Léa va au travail la journée mais reviens entre midi et deux pour faire une tétée, sachant que je donnais à Gaspard le lait que Léa tirait au bureau le reste du temps. Voilà que je commence à vivre réellement cette vie de père au foyer. Pour moi, je définis ce quotidien en deux « modes » : le mode logistique et le mode papa. En fait, dans ma journée j'ai deux rôles. D'abord, je dois faire en sorte que notre maison reste habitable et fonctionnelle : je dois laver la vaisselle, ranger la vaisselle, m'occuper du linge (et avec un bébé, entre les vomis et les fuites de couches, il y a beaucoup de linge), faire les lits et le ménage, ranger. L'idée c'est de ne pas nous laisser submerger par ces tâches et d'éviter que cela devienne une source de tensions entre nous. Le deuxième mode, c'est le mode « papa ». Parce que tout en faisant ces tâches-là, j'ai un petit bonhomme de 6 mois avec moi qui dort une heure ou deux dans la journée et qui a besoin d'attention, de présence et d'amour. Comment je me débrouille alors ? Déjà, j'accepte que je ne sois pas parfait. Donc parfois, je n'ai pas le temps de tout faire comme je le voulais, mais j'accepte ça et je me concentre sur le plus important : mon fils. Ensuite, j'ai déjà présenté un peu le concept mais vraiment le portage au quotidien, c'est une dinguerie. C'est avec le portage que j'ai vraiment commencé à inclure Gaspard dans ces tâches domestiques : il a fait la cuisine contre moi, passé l'aspirateur contre moi, étendu le linge contre moi... Bref,

c'était un petit koala et moi je pouvais faire ce que j'avais à faire. Là où c'était un peu difficile c'était pour les siestes. Mon fils a très rapidement fait des très petites siestes, genre maximum deux heures par jour. Le plus compliqué, c'est qu'il ne s'endormait que lorsqu'il était en écharpe contre moi et il se réveillait systématiquement si je le sortais de l'écharpe. Puisque j'étais à la maison, que j'avais la disponibilité physique et affective de le faire, j'ai gardé Gaspard en écharpe contre moi pendant ses siestes. C'était un sentiment génial mais quelque peu handicapant pour avancer à la maison. Je profite d'aborder ce sujet parce que les galères de dodos, je pense que c'est le sujet numéro 1 de conflit des jeunes parents. Nous avons galéré pour le sommeil de notre fils. Genre vraiment. Il a dormi au sein, en cododo, plusieurs mois avant de simplement accepter de dormir sans être en contact physique avec nous. Pour les siestes comme je vous disais, c'était assez court et en écharpe. La nuit on était sur 5, 6, 7 réveils par nuit avec à chaque fois besoin de câlins en écharpe, de tétée ou de marcher un peu pour se rendormir. Il y a même des soirs où je suis parti en voiture avec lui pour qu'il s'endorme dans son siège auto. Ce qui a fait que cette difficulté a pu être surmontée et qu'aujourd'hui nous vivions de façon harmonieuse tous les 3 c'est encore une fois deux choses : information et communication. Grâce à nos connaissances sur les rythmes des enfants, particulièrement en termes d'acquisition du sommeil, nous avons été rassurés sur la situation. En communiquant et en dialoguant, nous avons pu nous épauler, trouver des solutions et avancer dans l'autonomisation du sommeil.

Attention, il n'y a pas que des galères dans le quotidien avec un petit bébé ! Il y a aussi des moments magiques, des instants qui restent gravés dans la tête pour toujours. Les premiers mots, les premiers pas, les moments de câlins à trois, apaisés, les premiers repas. Pour les repas (et vous l'avez compris comme pour un peu tout le reste), nous n'avons pas vraiment fait comme tout le monde : nous avons pratiqué avec Gaspard la DME. DME, ça veut dire Diversification Menée par l'Enfant. C'est une approche qui consiste à introduire la nourriture chez l'enfant par le biais d'aliments solides plutôt que de passer par les fameux « petits pots ». Je me répète un peu mais je préfère que ce soit clair : ce n'est pas parce que vous n'avez pas fait la DME que vous êtes de mauvais parents, nous avons fait ce choix, je vous explique pourquoi, si ça vous intéresse, vous trouverez quelques références[9] en note de bas de page. La DME donc, c'est le fait de proposer des aliments bruts, individuels, que l'enfant mange à son rythme. Des exemples ? La carotte est présentée en format de grosse frite, cuite au four et simplement déposée dans une assiette. Pour la pomme, elle est juste épluchée et cuite au four également. Les fruits « mous » peuvent aussi être rapidement introduits. L'idée c'est que l'enfant découvre les saveurs et textures de façon à pouvoir comprendre ce qu'il mange mais aussi de façon autonome : on ne donne pas la becquée en DME. On dispose les aliments de façon que l'enfant puisse se servir seul et se nourrir seul. Bien sûr, les premières semaines

9 *Le Grand livre de la DME : la Diversification Menée par l'Enfant pas à pas*, par Christine Zalejski et *Bébé mange seul : tout savoir sur la DME*, par Émilie Pinard

sont surtout dédiées à l'exploration et l'expérimentation, et comme pour les petits pots, le lait reste la source première d'alimentation. Mais petit à petit, nous avons bien remarqué le réel plaisir à manger en autonomie de notre fils et ces moments, bien que très salissants, restent de magnifiques souvenirs. Avant de clôturer la question de la DME, je vous rappelle que ce genre de choses doivent être discutées avec un professionnel de santé et que certaines règles sont prérequises avant que l'enfant puisse faire la DME (qu'il soit capable de se tenir assis seul, prendre quelque chose dans sa main et l'amener à la bouche, etc.) et le mieux est de faire une petite formation sur les gestes de premiers secours en cas par exemple de fausse route.
Ces moments autour d'un repas sont les meilleurs souvenirs que j'ai des premières années de vie de mon fils. Parce que la cuisine, les marmites qui fument, les gueuletons, les apéritifs qui durent 3 heures, les bons repas que ma mère nous préparait avec amour, c'est la définition même de la famille pour moi. Ce moment où on se retrouve tous les trois, assis, sans téléphone, sans alarme, sans travail, oubliant la fatigue, c'est un moment de calme et de reconnexion indispensable à l'équilibre familial. Pour ça, la DME c'est parfait, parce qu'on place une assiette de nourriture devant notre enfant et il mange, lui-même, pas besoin qu'un des deux parents s'occupe de faire l'avion pendant 8 heures, pas de pression sur la quantité à faire manger à son enfant, la liberté, encore et toujours.
Cette liberté, elle se matérialise aussi par le confort, je dirais même le luxe, de pouvoir prendre le temps. Je suis resté 3 ans à la maison avec mon fils, 3 ans à pouvoir faire

exactement ce que nous voulions, 3 ans à pouvoir partir quand nous voulions partir, en nature, à la mer, à la montagne ou simplement au parc du village. Ce parc, dont je connais aujourd'hui chaque recoin, chaque centimètre carré ayant été passé au peigne fin par le petit explorateur que j'accompagnais quotidiennement. Je dis souvent aux parents avec qui je discute : pour moi, quand on sort au parc comme ça, il n'y a aucun enjeu. Je ne mets aucune pression, aucune volonté particulière. Est-ce qu'aller au parc ça doit forcément vouloir dire jouer avec les autres enfants ? Est-ce que c'est obligatoirement aller faire de la balançoire ? Non ! Aller au parc, c'est aussi lire toutes les boîtes aux lettres ou les plaques d'immatriculation des voitures sur le chemin. C'est aussi rester 2 heures plantés devant une fourmilière, c'est bien sûr mettre les mains dans la terre, dans la boue, courir comme des fous. C'est tout ce qu'un enfant de quelques mois peut avoir envie de faire finalement. C'est un moment de jeu et pour moi, le jeu est libre. C'est ce que décrit André Stern dans son ouvrage *Jouer* : l'enfant est un explorateur, son existence se résume à l'expérience, à la compréhension du monde qui l'entoure par le test, la pratique, le tout dans le cadre du jeu. Alors bien sûr, c'est parfois compliqué au parc, parce que quand je ne voyais aucun problème à ce que mon fils joue dans la boue, d'autres parents semblaient manifestement ne pas avoir la même vision. Ça donne des moments plutôt tristes où je voyais d'autres enfants qui voulaient jouer dans la boue se voir interdit une exploration de plus, regardant jalousement Gaspard en pleine découverte. Alors parfois, quand l'énergie disponible me le permettait, j'engageais la discussion avec les autres parents, afin d'expliquer ma démarche. Mais la plupart du temps, l'enfant repartait penaud, contraint de réprimer cet élan naturel à l'expérimentation.

Je n'étais pourtant pas le parent un peu fou du parc que les parents évitent, au contraire d'ailleurs, bien que clairement dans une autre approche, les parents semblaient plutôt sympathiques à mon égard. Enfin je dis les parents, mais je devrais plutôt dire les mamans. Parce qu'au parc, avec les petits, j'ai bien plus souvent croisé des mamans que des papas, marqueur visible de ce patriarcat bien présent : les mamans accompagnent plus souvent les enfants au parc, et quand les papas s'en chargent, qui a préparé le goûter, qui a habillé l'enfant, qui l'a changé avant de partir ?

« Mais un papa qui est au parc avec son enfant, comme moi, c'est un super papa ! Vous rigolez ? C'est génial qu'il s'en occupe, franchement bravo. » Cette façon d'encenser les pères pour des tâches visibles qui dépendent en grande partie des tâches invisibles préalablement opérées par la mère, cette vision qu'un père qui s'occupe de son enfant est un super papa, qu'il faudrait le féliciter, ça a un nom, ça s'appelle le *Dad Blessing*.

Le *Dad Blessing*, c'est le fait de féliciter un père pour une tâche tout à fait banale qui devrait être considérée comme complètement normale, là où des mères ne reçoivent aucun retour positif pour la même tâche, la société estimant que ces tâches incombent par définition à la mère.

C'est quelque chose que j'ai toujours dénoncé et encore plus depuis que je partage mon quotidien sur les réseaux sociaux, les hommes n'ont pas à être félicités de tâches qu'il est normal d'accomplir pour eux, ils « n'aident » pas la mère, ils font leur part, tout simplement. C'est l'effet inverse du « mom shaming », autre anglicisme qui désigne le phénomène de culpabilisation et de stigmatisation d'une mère pour la moindre supposée « erreur », la moindre imperfection ou du moins pour le moindre écart à l'idéal maternel imaginé dans notre société. Si je suis au parc avec mon fils, quoi qu'il arrive (dans la limite du raisonnable) on va me dire « c'est super que tu amènes ton fils au parc », *Dad Blessing*. Si une mère ose ne serait-ce que sortir son téléphone deux minutes au parc avec son enfant « elle ne joue même pas avec lui », « elle ne fait pas attention à lui », « toujours sur les téléphones » ... *Mom Shaming*. Ça rejoint ce qu'on disait, les femmes et les hommes ne font pas face aux mêmes attentes dans la parentalité. Là où il est supposé d'une mère qu'elle soit dans une posture quasi sacrificielle, qu'elle arrête de travailler, qu'elle s'occupe de tout, qu'elle prenne sur les épaules la charge mentale, éducative, contraceptive, un père lui, sera félicité pour la moindre initiative, puisqu'il est supposé que celui-ci ne fasse rien. Mais moi ce qui me révolte et ce contre quoi je me dresse, c'est d'une part cette conception sexiste de la parentalité mais également la facilité avec laquelle les hommes se complaisent dans cette situation.

LE FOYER ET LA PARENTALITÉ POSITIVE

Cette vision de l'éducation « proximale », c'est-à-dire une parentalité dans laquelle le lien parent-enfant est mis au centre avec le portage, la DME, l'allaitement, le cododo… se poursuit également quand le nourrisson devient un enfant. Petit à petit, les besoins changent mais certains restent au cœur du développement de l'enfant : le besoin d'attachement reste fondamental. Mais pour aussi proposer un quotidien stimulant et bénéfique à nos enfants, tout cela ne suffit pas. Pour moi, il fallait aussi que je puisse être en mesure de proposer à mon fils des activités qui lui permettent de développer ses apprentissages, la parole, la motricité (qu'on découpe en motricité fine et motricité globale), compter, lire, écrire… Seulement, pour ça comme pour beaucoup d'autres choses, je n'avais aucune idée de comment m'y prendre. Depuis que j'avais lu *Les Lois Naturelles de l'Enfant* de Céline Alvarez, j'avais le sentiment que les apprentissages Montessori étaient une traduction satisfaisante de la parentalité que nous pratiquions dans le domaine du développement. J'ai donc suivi une formation Montessori 0-3 ans en ligne, rien de très savant simplement une formatrice Montessori qui explique les différents types d'activités que l'on peut proposer aux petits et surtout comment les présenter.

Cette formation que j'ai suivie je l'ai trouvée un peu par hasard, au détour de mes recherches et de mes lectures sur Maria Montessori. Rétrospectivement j'aurais sûrement pu trouver des formations plus qualitatives, peut-être même quelque chose de validant sur le plan académique. À l'époque, je n'étais pas du tout dans cette démarche de développement de mes compétences personnelles mais plutôt sur un besoin de me rassurer en apprenant un maximum. Découpée en différents modules, j'ai donc suivi ce cours en ligne pendant plusieurs semaines qui a quand même eu le mérite de me donner les bases de la pédagogie Montessori. Je découvre donc les différents types d'activités susceptibles d'intéresser mon fils : transvasement, classement, motricité fine, motricité globale, sensorielle, etc. En bon élève, j'avais créé une pièce entière dédiée à cet enseignement : une salle de jeu Montessori. Alors pour moi, Montessori, c'est cool, mais tout n'est pas forcément indispensable.

Comme beaucoup de parents, je suis passé par une phase exclusive vis-à-vis de mes convictions avant d'apprendre à moduler ces convictions par l'expérience personnelle.

Montessori, c'est d'abord l'apprentissage autonome pour moi, et ça c'est fondamental. L'idée, c'est que le parent, l'éducateur, l'enfant plus âgé ou plus compétent n'est qu'un tuteur qui va créer les conditions nécessaires pour que l'enfant apprenne par lui-même. Vous le voyez, on est bien loin du « maître » au tableau qui fait apprendre par cœur les tables de multiplication. Pourtant, bien que cela paraît tout à fait évident pour une majorité d'adultes un minimum informés, notre société semble encore frileuse à l'idée de

réformer en profondeur la formation des enseignants et le fonctionnement de l'école publique afin d'y intégrer ces pratiques évidemment bénéfiques pour l'enfant. Faute de moyen, de personnel, de compétence nous dira-t-on. Céline Alvarez dans *Les Lois Naturelles de L'enfant* décrit cette démarche de réforme au sein d'une classe de maternelle et les résultats sur une année sont invraisemblables. Saura-t-on pourquoi cette expérience fut cachée sous le tapis et Madame Alvarez gentiment remerciée ?
Le fait est que, puisque j'étais responsable du développement de mon enfant, je voulais lui proposer ce que j'estimais être le meilleur, d'où la salle Montessori. Cette salle s'organisait ainsi : un canapé (pour les papas fatigués d'un réveil bien trop précoce), une table avec un tabouret puis des étagères « à hauteur d'enfant » dont chaque étage était garni d'un plateau de bois à anses contenant une activité spécifique. Il y avait par exemple un plateau « transvasement » avec deux pots de yaourts vides, une éponge, une grosse seringue, une cuillère, etc. L'idée, c'est de remplir un des deux pots d'eau et de laisser l'enfant transvaser l'eau d'un pot à l'autre avec les outils qu'il a. Il y avait aussi des cloches musicales, des perles à classer selon la couleur ou la taille, etc. L'idée qui me plaisait là-dedans, au-delà de l'esthétique de cette pièce qui, il serait malhonnête de le nier, me rendait assez fier de moi, c'est que c'est l'enfant qui décide ce qu'il fait. L'adulte est juste là pour l'accompagner, cadrer les choses, l'inviter à nettoyer une fois terminé et à ranger son plateau au bon endroit.
Dans le reste du quotidien, la pédagogie Montessori se traduisait surtout par cette idée d'autonomie, Gaspard

a très rapidement eu une « tour d'observation » ou « tour Montessori » (les dénominations sont nombreuses pour décrire ce qui n'est autre qu'un escabeau sécurisé). Grâce à cet objet, il a vite pu participer à la cuisine, au rangement et à la vaisselle, activités qui semblaient très amusantes pour lui.
Ce besoin d'autonomie s'est accompagné très rapidement d'un autre besoin pour notre fils : le besoin de routine. Chaque enfant, chaque parent et chaque famille sont différents, je n'ai pas la prétention de savoir quels sont les besoins essentiels de tous les enfants, cependant je sais que pour notre fils, ce besoin de repères dans l'espace et dans le temps, de routines ordonnées et reproductibles était et est toujours essentiel. Pour nous, ce besoin se traduit dès le matin avec une routine matinale précise, mais surtout le soir. Comme beaucoup de parents, peut-être tous les parents, nous avons galéré avec les nuits. Notre fils a eu beaucoup de mal à s'endormir le soir. Quand cette galère dure des semaines, des mois, on ne sait plus à quel saint se vouer. Alors on cherche des solutions, on cherche des faiseurs de miracles. C'est pour ça qu'on trouve sur le Net des formations bidon à plusieurs centaines d'euros pour accompagner son enfant vers le sommeil, c'est pour ça qu'on trouve encore des livres proposant des méthodes « miracle » pour endormir son enfant. Ce que moi je savais, et que je sais encore, c'est qu'une des options qui semble la plus populaire ne me convenait pas : laisser pleurer mon enfant. Pour moi, laisser pleurer son enfant pour qu'il s'endorme n'a aucun sens. Déjà intérieurement, on sent bien que c'est contre-nature. Les cris et pleurs d'un enfant sont biologiquement

faits pour nous alerter, c'est un appel à l'aide, à l'attention, à l'amour. Nier cette réalité c'est déjà bien sûr entamer le lien d'attachement qui nous lie à notre enfant, mais également nous couper d'une humanité intérieure innée, nous sommes faits pour prendre soin de nos enfants.
Ça arrive à tout le monde d'être à bout, après des heures de tensions, de rentrer du boulot et de ne pas réussir à accompagner ses émotions, d'être épuisés. Dans ces cas-là, bien sûr, il vaut mieux laisser pleurer notre enfant quelques minutes plutôt que de l'envoyer contre un mur. Au fil de mes différents projets sur les réseaux sociaux, j'ai rencontré des associations et des personnes engagées dans la lutte contre la maltraitance mais aussi contre un phénomène terrible et malheureusement relativement fréquent : le syndrome du bébé secoué. Grâce à cette implication, j'ai pu participer à la campagne pilotée par Adrien Taquet, qui était à l'époque secrétaire d'État chargé de l'Enfance et de la Famille. Il faut savoir que plusieurs centaines de bébés, majoritairement entre deux et quatre mois, sont victimes de ce syndrome chaque année. Un bébé sur dix meurt et ¾ des victimes gardent des séquelles à vie (voir Bulletin Épidémiologique Hebdomadaire 2019). Notons également que d'après une étude publiée le 30 août 2022 dans la revue JAMA Network Open, l'incidence du syndrome du bébé secoué aurait doublé pendant la pandémie de COVID. Voilà ce qui peut arriver de pire quand on est à bout avec un bébé, c'est aussi pour ça que je dis toujours, ne pas laisser pleurer son enfant oui, mais en même temps mieux vaut le laisser pleurer cinq minutes que de lui faire subir le pire. Donc avec cette campagne d'information et de sensibilisation, on avait

bossé sur différents conseils pour éviter d'en arriver là pour un parent vulnérable ou se sentant en difficulté :

- Mettre le bébé sur le dos en sécurité dans son lit ;
- Quitter quelques minutes la pièce ;
- Respirer, se concentrer sur quelque chose pour retrouver son calme ;
- Si possible appeler un proche pour en parler ou demander de l'aide ;
- Contacter un professionnel si besoin.

Mais alors avant d'en arriver là, comment faire quand on ne veut pas laisser pleurer notre enfant mais qu'on ne trouve pas de solutions satisfaisantes ? Ce que nous avons mis en place à la maison et qui a porté ses fruits sur le long terme, c'est cette notion de routine immuable. D'abord le repas, une tétée, puis un petit bain, un petit moment de lecture et enfin un endormissement en écharpe avec de la musique (puisque jusqu'à ses 3 ans, impossible d'endormir notre fils dans son lit). Les trois premières années, cette routine était satisfaisante même si très chronophage et énergivore. Mais à chaque fois que je sentais que j'en avais marre, que j'étais au bout, je me rappelais une certitude : les efforts que je fais maintenant paieront à long terme. Aujourd'hui, mon fils a 6 ans, il s'endort seul dans son lit, toujours après une routine qui consiste en différentes étapes immuables : après le repas, une douche, les dents, un jeu calme à trois quand c'est possible, une lecture avec papa ou maman puis un endormissement dans son lit avec une histoire audio ou de la musique. J'ai la prétention de me dire que cette relative facilité à l'endormissement aujourd'hui, sans cauchemars, sans réveil nocturne, sans pleurs ni besoin de crier, vient en

partie de tous les efforts que Léa et moi avons faits pendant les premières années de la vie de Gaspard.
Si j'ai un conseil à donner à des futurs parents ou des jeunes parents qui cherchent des solutions sur le dodo ce serait : faites ce qui marche pour vous. Tant qu'il n'y a pas de violence, de cris, de menaces, tant qu'au fond de vous vous sentez que ce que vous faites est sain et humain, même si c'est imparfait (comme nous le sommes toutes et tous), c'est le mieux que vous puissiez faire. Il n'y a pas de méthode miracle, pas de gourou du dodo qui pourra vous donner la recette magique, il n'y a que la persistance et la conviction que les efforts que l'on fait sont des investissements à long terme. Ça ne vient pas sans tension, ça ne vient pas sans engueulade avec votre partenaire (enfin pour nous en tout cas) et l'arrivée d'un enfant est souvent la source de grandes turbulences dans un couple, comme ça l'a été pour nous !
Un bébé, un enfant qui grandit, c'est énormément d'amour, de joie et de bonheur, mais c'est aussi beaucoup de fatigue, de stress et de prises de tête. On estime que 20 à 25 % des parents vont se séparer dans les mois suivant la naissance de leur enfant (Dr Bernard Geberowicz, coauteur du livre le *Baby-clash*). Ne prenez pas peur, de toute façon plus de la moitié des couples mariés divorceront dans tous les cas (oups). Au-delà du fatalisme statistique, je vous propose une illustration concrète de ce que représente l'arrivée d'un bébé dans un couple : avec Léa, nous nous sommes mariés à 20 ans et sommes devenus parents à 21 ans. Notre quotidien n'a rien à voir avec la majorité des jeunes de notre âge et nous vivons des vies assez singulières, nous y sommes

habitués et cette réalité nous a soudés. Mais l'arrivée de notre enfant nous a complètement déstabilisés. Malgré toutes les informations, toute la préparation et l'anticipation, malgré les piles de livres et les documentaires, nous avons failli chavirer. Alors, plutôt que de m'attarder sur ce moment où la question de la séparation s'est sérieusement posée, je préférerais vous parler de ce que nous avons mis en place pour nous comprendre à nouveau, pour avancer à deux et pour franchir cette étape de turbulence dans notre vie de couple. La première chose pour nous, a été de trouver nos places dans la dynamique du foyer. Je vous le rappelle Léa est cheffe d'entreprise, créatrice de contenu sur les réseaux sociaux, hôte d'un podcast à succès et bien d'autres choses encore, moi je suis ancien étudiant en médecine devenu père au foyer à 21 ans. Au départ, bien que conscient de l'origine patriarcale de cette réflexion, j'ai eu du mal à me dire que je ne « ramenais pas d'argent à la maison », je comprenais la valeur de ce que je faisais, mais j'avais la crainte que ma partenaire m'en veuille. J'avais peur que la charge soit trop lourde pour elle, comme si elle n'était pas capable de la supporter ou d'exprimer clairement si elle avait besoin d'aide. Ce sentiment, qui part d'un manque de confiance en moi et en Léa à être capable de dire si quelque chose ne va pas, il a fallu l'exprimer, d'où la base de notre couple : la communication. Nous avons décidé de sanctuariser cette communication dans notre couple afin de gérer au mieux les moments de tensions avec quelques règles très simples :

- On exprime d'abord une observation factuelle sur une seule et unique situation, pas de généralisation : je vois que, j'observe que, j'ai remarqué ça...

- On exprime ensuite l'émotion qui entre en jeu : je me sens en colère, je me sens triste, j'ai peur que…
- Enfin on formule une demande cohérente : j'ai besoin que, j'aimerais que…
- On ne se couche pas fâchés.

Voilà quelques règles qui nous aident beaucoup au quotidien. Mais si la force d'un couple ne se construisait qu'en suivant quelques règles, ce serait bien trop simple (et probablement beaucoup plus ennuyeux). Pour moi, notre couple fonctionne parce qu'on assume aussi notre différence, qu'on communique nos envies clairement et qu'on respecte l'espace de l'autre. Je vais vous donner un exemple qui fait souvent pas mal réagir : nous ne dormons pas ensemble avec Léa. À chaque fois que j'en parle sur les réseaux j'ai des milliers de réactions qui se baladent sur tout le spectre du possible. Pour certains le lit du couple est un sanctuaire dont le partage est une obligation pour espérer maintenir un niveau satisfaisant de proximité. Pour d'autres, la liberté s'exprime aussi par ce genre de fonctionnement. Pour moi il n'y a rien de prescriptif ici, chaque couple fait comme il le souhaite. Nous avons simplement décidé de faire chambre à part pour plusieurs raisons : la première, c'est celle qui revient dans beaucoup de couples, c'est que l'un de nous deux ronfle (j'aurais l'égard de ne pas dire lequel), le second, c'est que nous avons besoin d'avoir un moment seul·e le soir, tranquille, chacun de notre côté, pour bouquiner ou regarder ce qu'on veut sans se prendre la tête. Cette habitude, on l'a prise à l'époque où Gaspard dormait toujours avec nous, je dormais dans une autre pièce afin d'avoir suffisamment d'énergie pour m'occuper de lui le matin quand Léa se reposait après une nuit de tétée. Bien sûr, la question des moments intimes se pose et comme je dis souvent, déjà ce n'est pas parce qu'on ne dort pas dans le même lit qu'on n'est jamais tous les deux dans le même lit, et puis je réponds aussi souvent : « quel manque d'imagination de se dire que si on ne dort pas ensemble, on ne peut jamais se retrouver ».

Cette réflexion sur le fait de ne pas dormir ensemble a amené chez moi d'autres remises en question, sur la masculinité particulièrement. Élevé dans une famille avec trois frères, mon environnement a toujours été très masculin et j'ai dû beaucoup évoluer sur les représentations patriarcales qui ont infusé en moi via les films, les BD, les modèles de mon environnement, etc. J'ai par exemple beaucoup avancé sur la notion de travail et de famille. Est-ce que mon fils doit porter mon nom ? Et pourquoi pas celui de sa mère ? Pourquoi pas les deux ? Est-ce que si je n'ai pas de salaire, je ne travaille pas ? Ce que j'ai fait pendant 3 ans à la maison avec mon fils n'était-il pas une forme de travail ? Tout ce travail qu'on appelle aujourd'hui un travail de déconstruction, il est pour moi vital que les hommes le fassent. Avant d'aller se déclarer féministe sur le premier plateau télé, encore bourré de tous nos privilèges d'hommes, il nous faut d'abord comprendre en quoi nous sommes avantagés dans cette société et surtout accepter de rejeter ces avantages. Car c'est bien là le plus difficile, la source des réactions conservatrices sur le sujet : il faut accepter de perdre des privilèges à l'échelle individuelle. Combien d'hommes sont d'accord pour dire que les femmes sont les égales des hommes mais continuent à être mieux payés qu'une femme sans se révolter

face à cette injustice ? Combien d'hommes se disent féministes dans les médias et se laissent applaudir tel un messie quand des femmes le crient depuis des décennies ?
Avoir un petit garçon, c'est un vrai défi pour moi. C'est un vrai défi parce que j'ai une immense responsabilité envers notre société : faire que ce petit garçon ne devienne pas un violeur. Ça peut paraître un peu brutal comme ça, mais c'est vrai : les hommes violent. Les hommes violent et tous ces hommes ont été des petits garçons. Ces petits garçons ont pour la plupart eu des parents qui les ont éduqués, qui les ont parfois aimés, qui leur ont transmis des valeurs. C'est trop facile de regarder ailleurs, de se dire « pas tous les hommes », de penser que, puisque je ne suis pas un violeur, mon fils ne le sera pas. C'est faux de croire que c'est suffisant. Le patriarcat dans lequel nous baignons tous depuis notre naissance nous forge à devenir des hommes violents, des hommes durs, des « vrais mecs ». C'est tout un travail de déconstruction que j'ai entamé et que je continuerai toujours, parce que pour moi, ce n'est pas naturel. Ce n'est pas naturel d'être sensible, ce n'est pas naturel d'exprimer ses émotions, ce n'est pas naturel d'écouter celles des autres... Nous avons été élevés avec l'image de l'homme dominant et de la femme soumise, c'est un fait. Quand je parle de ça autour de moi, je vois bien que les hommes sont gênés. On me dit que les hommes violents et violeurs n'ont pas eu de parents, n'ont pas été aimés, n'ont pas été éduqués. C'est complètement faux pour la plupart des hommes coupables d'agressions sexistes et sexuelles. C'est pour ça que j'ai peur, j'ai peur de ne pas réussir à éviter que le patriarcat infuse dans la construction de mon

fils au point qu'il ne s'interroge pas sur le consentement, sur la culture du viol, sur l'égalité femmes-hommes. Parce que cette culture est partout, tout le temps, de la musique au cinéma, de la politique au sport, les hommes sont toujours mieux représentés, mieux payés, mieux défendus, mieux écoutés, au point où même ceux qui assument leurs propos et agissements sexistes sont protégés.

Vous ne me croyez pas ? Je vous écris ici quelques paroles de ma chanson préférée quand j'étais petit, je la chantais tous les jours et je la connais encore par cœur, vous allez sûrement la reconnaître, elle vient d'un dessin animé très connu dans lequel une femme doit se travestir en homme pour être acceptée par les autres personnages :

« *Attaquons l'exercice, pour défaire les Huns. M'ont-ils donné leurs fils ? Je n'en vois pas un. Vous êtes plus fragiles que des fillettes et jusqu'au bout, et coups par coups, je saurai faire des vrais hommes de vous. Comme la flèche qui vibre et frappe en plein cœur, en trouvant l'équilibre vous serez vainqueurs. Vous n'êtes qu'une bande de femmelettes mais envers et contre tout, je saurai faire de vrais hommes de vous. [...] Comme un homme, sois plus violent que le cours du torrent. Comme un homme est plus puissant que les ouragans. Comme un homme sois plus ardent que le feu des volcans, secret que les nuits de lune de l'Orient.* »

Voilà notre culture patriarcale, au cœur de l'enfance, on apprend que l'homme doit être violent, puissant et que si ce n'est pas le cas il est relégué au rang de fillette et de femmelette.

Quand mon fils est arrivé, c'est une des premières chansons que j'avais envie de lui chanter. Mais cette fois, cette toute première fois, j'ai écouté les paroles, j'ai compris à 21 ans ce que cette chanson avait de violent, de sexiste. Quelques années plus tard, mon fils devait avoir 4 ans, à l'occasion d'une semaine de vacances chez ma mère, nous sommes tombés sur ma collection de bandes dessinées d'enfance. « Génial ! Je vais pouvoir en récupérer et les lire avec Gaspard » me suis-je dit, naïvement. Génial parce que j'adorais les aventures de Tintin, les bagarres d'Astérix et Obélix et les blagues de Titeuf. J'embarque quelques tomes de chaque et je commence à redécouvrir ces histoires et personnages. Pour Tintin, c'est très simple, au-delà de l'alcoolisme notoire de Haddock et des représentations foncièrement racistes des personnages non européens, il n'y a pas de femmes. Enfin j'exagère : il y a Bianca Castafiore qui a le droit à quelques bulles de dialogues et une ou deux concierges d'immeuble. Sur une vingtaine de tomes de 50 pages, ça fait très peu de femmes, non ? Pour Astérix et Obélix pareil, des dizaines de tomes sans aucun personnage féminin, Cléopâtre et Falbala auront le mérite d'exister, mais n'allons pas jusqu'à leur donner un réel rôle de protagoniste ! Pour Titeuf, on est clairement sur l'apologie du sexisme et des agressions sexuelles, parce que c'est drôle de vouloir soulever la jupe des filles à l'école, non ?

Bien sûr, nous comprenons vous et moi que ces œuvres sont à prendre dans leur contexte social et historique, bien sûr, on sait que le mouvement Me too et balance ton porc étaient loin d'exister lorsqu'ils ont été écrits. Mais comment peut-on faire comprendre cela à un enfant de 4 ans ? 6 ans ? C'est impossible. Impossible parce que le cerveau n'a pas cette capacité d'analyse à cet âge. J'ai eu beau expliquer le racisme à Gaspard, j'ai eu beau lui dire que c'était quand même bizarre qu'il n'y ait pas de femmes dans ces aventures, ça ne fonctionne pas. Et puis à quoi bon vouloir expliquer en quoi le contexte était différent ? N'est-il pas plus simple de créer un nouveau contexte ? Ce qui est vital et important pour moi et pour mon épouse, c'est plutôt de trouver d'autres figures, d'autres modèles. On a donc commencé une rude recherche de livres, bandes dessinées, dessins animés dans lesquels les genres sont mieux représentés dans leur diversité et leur sensibilité. C'est par la volonté de montrer, de représenter d'autres modèles de société, d'autres représentations de ce qu'est le genre qu'on fait évoluer une société.

« Je ne prépare pas mon fils à vivre dans notre monde, je prépare notre monde à l'arrivée de mon fils ».

Je refuse de faire en sorte que mon fils soit respectueux des femmes dans une société patriarcale. Je veux que la société dans laquelle mon fils vive soit une société égalitaire. Dans cette lutte-là, rien n'est confortable. Je passe mon temps à trouver de nouveaux stéréotypes en moi, des idées préconçues, des réflexes masculinistes. Je suis en totale contradiction entre ce que je veux pour mon fils et pour la société et ce qui me vient par réflexe. Pourquoi ma première réaction face à un conflit c'est d'avoir envie de mettre un poing dans la gueule du gars en face de moi ? Pourquoi je me retiens de pleurer devant les autres quand quelque chose m'émeut ? Tout simplement parce que je suis câblé pour ça. Je suis câblé, comme tous les petits garçons devenus de jeunes hommes à tolérer voire à encourager la violence et la domination masculine. Je suis le produit d'un patriarcat qui déploie ses tentacules dans tous les secteurs de la société. C'est pour ça que c'est si difficile pour moi en tant que père de faire autrement avec mon fils, et c'est pour ça que j'ai besoin de ressources et d'accompagnement. Je trouve que sur le sujet un podcast comme celui de Cédric Rostein *Papatriarcat* est essentiel, tout comme celui de Victoire Tauillon *Les Couilles sur la table.*

Cette envie de faire différemment vient aussi de l'approche de la parentalité positive. Tout s'amalgame et se réunit dans cette volonté d'élever nos enfants autrement. Quand j'ai découvert l'éducation bienveillante, j'avais énormément de mal à la pratiquer parce qu'un des principes fondamentaux c'est l'expression, l'écoute et l'acceptation des émotions de soi et de l'autre. À 21 ans, je me suis donc retrouvé pour la première fois de ma vie à dire « Je me sens en colère » plutôt que de mettre un coup de poing dans le mur. J'ai appris à écouter parce que je voulais montrer l'exemple à mon fils, mais rien ne me semblait naturel dans cette pratique. C'est en forgeant qu'on devient forgeron ? Essayez de forger quelque chose sans marteau ni enclume. Sans outils, la pratique est vouée à l'échec. D'où l'intérêt de s'informer, de lire, d'écouter des podcasts et de regarder des documentaires. C'est grâce à ça qu'aujourd'hui je forge, bon ce n'est clairement pas encore un niveau de quelqu'un qui fait ça depuis qu'il est petit, mais en tout cas je continue d'avancer.

Alors bien sûr, vous allez me dire : mais Sam c'est bien gentil ton laïus, mais ton fils, il ne vit pas dans une bulle, il va avoir des relations sociales, amicales même, avec d'autres enfants, des enfants qui n'auront pas forcément la même éducation et qui n'auront pas eu la même sensibilisation à ces sujets. Oui, c'est tout à fait vrai. Mon fils ne vivra pas dans une bulle toute sa vie, c'est très bien comme ça d'ailleurs. Pour moi, l'éducation qu'on tente de pratiquer avec notre fils, c'est comme la construction d'une cathédrale au Moyen-Âge. On va faire des fondations bien solides, creuser profond et faire en sorte que ces bases puissent supporter le poids de tout un édifice. Ensuite, on passera la main, comme les cathédrales qui furent construites sur plusieurs décennies avec des maîtres bâtisseurs différents. Quand notre présence se fera moins visible, que notre fils grandira, il continuera de se construire, avec d'autres influences, comme une cathédrale passe du style roman au style gothique au cours de sa construction. Ce qui compte pour nous, ce n'est pas que nos bases soient l'alpha et l'oméga de l'édifice. Ce qui compte, c'est que les fondations, les valeurs fondamentales de la vie en société qu'on a voulu transmettre à notre fils, lui permettent ensuite de se construire seul, avec un esprit critique, avec une intelligence sociale qui lui permettra de juger par lui-même ce qui est bon à prendre dans ses futures expériences de vie. Je n'ai absolument pas peur de mettre à l'écart mon enfant du fait d'une ambiance culturelle différente dans notre foyer, au contraire, je suis certain que grâce à ces enfants qui auront grandi avec une plus grande vigilance sur les sujets essentiels que sont les violences sexistes et

sexuelles, l'égalité femme-homme, la tolérance, le harcèlement etc., la société de demain fera un pas de plus vers une vie heureuse pour toutes et tous.
Alors comment on fait, concrètement, pour poser ces bases : la représentation culturelle, l'exemplarité, le développement de l'esprit critique.
La représentation culturelle, c'est-à-dire ? Choisir les contenus multimédias que notre enfant consomme : séries animées, livres, histoires audio, films... tout y passe. Évidemment, ça demande plus d'énergie, parce qu'il faut tout vérifier. Regarder quelques épisodes du nouveau dessin animé qu'il veut regarder pour s'assurer qu'il y a des protagonistes féminins, qu'il n'y a pas de violence ou d'humiliation (essayez, vous verrez que c'est plus fréquent qu'on ne l'imagine), lire les bandes dessinées ou écouter les histoires audios avant de lui acheter afin de s'assurer qu'on y propose une vision tolérante et égalitaire de la société... Pourquoi faire ces efforts-là ? Parce que les représentations culturelles, ce sont les briques de l'imaginaire. On n'invente rien sans idées préconçues, sans modèles. Si tu entends toute ton enfance que les garçons sont plus forts que les filles, qu'on a besoin de muscles plutôt que de sensibilité, qu'on peut se moquer des autres s'ils sont différents... Comment peux-tu imaginer une société égalitaire ?
Avec les représentations culturelles, un autre levier participe à la construction de fondations saines pour l'enfant : l'exemplarité des parents. Comment imaginer l'égalité femme-homme si ton père ne fait rien à la maison et que ta mère cumule boulot, repas, linge, factures, rendez-vous médicaux, histoires du soir, biberons, changes... Comment

envisager une société tolérante si tu entends des propos insultants, violents, qu'on te menace ou te violente toute ton enfance ? Les parents sont des tuteurs et des modèles pour l'enfant. Attention, je ne dis pas qu'il faut absolument être parfait ! Nous avons toutes et tous nos failles, c'est même d'ailleurs intéressant d'en parler avec nos enfants, montrer que nous sommes imparfaits et qu'on fait au mieux c'est un bel exemple pour l'enfant. Cependant je pense que si on veut éduquer différemment son enfant, il faut commencer par s'éduquer soi-même. Réaliser, surtout pour les pères, que nous sommes pleins de réflexes et de préjugés sexistes, prendre conscience de nos privilèges et accepter de s'en départir, montrer l'exemple quoi. C'est sûrement le plus dur, en tout cas ça l'a été pour moi. J'ai été élevé dans une ambiance très masculine et j'ai mis énormément de temps à entrevoir l'impact que cela a eu et a toujours sur ma vision de la société et des relations sociales. C'est depuis que je suis père que j'ai vraiment décidé de prendre ce sujet à bras-le-corps et de m'investir à l'échelle personnelle avec mon fils mais aussi à l'échelle plus générale via les réseaux sociaux sur le sujet de l'égalité femme-homme.

TOUT N'EST PAS ROSE

Au fil des pages que j'écris, j'ai de beaux souvenirs qui me reviennent en tête et au cœur, ces premiers moments tous les trois, les siestes de mon fils posé contre moi en écharpe, les câlins, les rires… Mais je remarque que d'autres émotions et d'autres souvenirs refont surface, des apparitions moins positives, plus difficiles à raconter aussi. Quand on est parent, quel que soit le chemin d'éducation qu'on choisit, on traverse des moments plus critiques que d'autres, des moments où on a envie d'abandonner, d'arrêter de faire des efforts, de partir parfois. J'ai ressenti ces émotions-là, j'ai eu ces idées-là dans ma tête. « J'en ai vraiment marre », « j'en peux plus », « encore un jour comme ça et j'abandonne ». Rares sont les parents qui ne vivent pas ces moments-là. Bien sûr, leur intensité est variable, pour certains c'est assez facile à digérer, à rationaliser, pour d'autres, c'est plus compliqué, on s'enferme dans un cercle vicieux : « je suis nul », « je suis un mauvais parent », je m'enferme dans la négativité et on arrive à des situations assez critiques.

Le burn-out parental, cette situation de détresse qui touche 5 % des parents français (Élise Lecornet et Corinne Melot dans leur livre *Le Burn out parental : 100 questions/réponses*), est encore un grand tabou dans notre société. Comme beaucoup de sujets autour de la santé mentale, le burn-out parental est passé sous silence et sacrifié sur l'autel du modèle capitaliste qui nie l'impact de l'arrivée d'un enfant dans la vie des citoyennes et citoyens. Déjà que notre société souhaite que les enfants soient le moins visibles et fassent le moins de bruit possible, on ne va pas se mettre à s'inquiéter de la santé mentale des parents, non ? D'autant plus que le burn-out parental touche majoritairement les femmes (puisqu'elles héritent de l'immense majorité de la charge éducative).

C'est pourtant une réalité qui peut conduire à des situations dramatiques. Nous devons prendre en charge le burn-out parental, accompagner en amont les parents sur l'expression et la connaissance de leurs émotions, leur donner des outils pour avancer sereinement dans leur parentalité. Mais bon, tout ça coûterait beaucoup d'argent, et comme tout investissement doit rapporter dans la tête de nos « élites », l'accompagnement parental n'est pas un sujet. En revanche, augmenter le budget des armées de 413 milliards sur 7 ans comme prévu dans la loi de programmation militaire, ça c'est utile, allez comprendre.

À titre personnel, j'ai vécu ces difficultés : après 3 ans en solo la journée avec mon fils, j'ai connu cette perte de sens, cette disparition du plaisir de passer du temps avec mon fils. C'est plus difficile de se lever le matin, plus difficile de sortir, de faire des activités, on n'est pas motivés, on n'a pas envie... Ça a duré plusieurs mois avant que je comprenne que j'avais besoin d'aide. Enfin ce n'est pas vrai, ça a duré plusieurs mois avant que j'accepte de l'aide, j'ai très rapidement compris ce qu'il se passait. J'ai donc suivi une psychothérapie avec une psychologue clinicienne qui m'a accompagnée pendant plusieurs mois. Le burn-out parental, ça ressemble un peu à la dépression, en fait. C'est une situation de démotivation, de difficulté à prendre du plaisir dans le quotidien, de perte de sens et de fatigue physique et mentale. Dans la vie d'un parent, ça se traduit entre autres par moins de patience, moins de présence physique et affective pour son enfant, moins d'intérêt... C'est d'autant plus difficile parce qu'on culpabilise d'être moins présent pour son enfant, d'où l'idée que c'est un vrai cercle vicieux. Plus je vais mal, plus j'ai l'impression d'être un mauvais parent, plus j'ai l'impression d'être un mauvais parent, plus je culpabilise et donc plus je vais mal. Briser ce cercle, ça demande une aide extérieure. Votre

partenaire pourra peut-être vous accompagner, mais de ce que j'ai connu à titre personnel et dans les conversations que j'ai avec vous sur les réseaux, le burn-out parental va plutôt faire trembler le couple et mettre en difficulté la relation avec le partenaire. Voilà pourquoi je recommande plutôt de s'adresser à des professionnels·lles de la santé mentale. La bonne nouvelle, c'est qu'on peut tout à fait briser ce cercle de négativité et retrouver un quotidien plus heureux.
Ce n'est pas magique, ça prend du temps et du travail mais petit à petit on arrive à retrouver ce plaisir de passer du temps avec son enfant, on lâche prise et on culpabilise moins, on communique plus facilement ses émotions... Bref, on change de fonctionnement pour trouver ou retrouver la positivité. Le principal, c'est de communiquer. Ça arrive, par exemple, que j'ai un petit coup de mou, là où avant je me serais enfermé dans cette idée que j'étais un mauvais père, que je ne m'occupais pas bien de mon enfant, aujourd'hui j'arrive à relativiser, à reprendre mes esprits et à me dire : « Ok, là j'ai un coup de mou, ça arrive, ce n'est pas grave, j'accepte qu'aujourd'hui ça n'aille pas, j'en parle à mon fils, j'en parle à ma femme, et je fais au mieux sans me mettre la pression, demain est un autre jour ».

AVOIR UN SEUL ENFANT

Tout ce chemin de parentalité positive, de vie de famille à trois, de galère mais surtout de bonheur, nous a amené Léa et moi à discuter de l'éventualité d'avoir d'autres enfants. Aujourd'hui, en France, l'indice de fécondité (le nombre d'enfant par femme) s'établit à 1,88. En moyenne, on se rapproche donc de deux enfants par couple. La société attend de nous que nous fassions des enfants. D'ailleurs, après 6 mois avec notre petit bébé, la question arrive fatalement sur le tapis « alors, c'est pour quand le deuxième ? » Mais nous, nous n'imaginions pas une seconde repartir dans une grossesse, l'arrivée d'un autre enfant, refaire tout ce que nous avions mis en place avec Gaspard, perturber cet équilibre déjà si précaire. Nous ne nous sentions pas prêts, tout simplement. Avec le temps et les années, bien que nous soyons tout à fait à l'aise dans notre vie à trois, que notre couple était assaini et solidifié par les différentes épreuves traversées, que Gaspard commençait l'école et que nous avions plus de temps à consacrer à un potentiel deuxième enfant, l'envie n'était pas là. En fait, nous avons une certitude, il est impossible pour nous d'avoir un deuxième enfant et de lui fournir la même attention, la même présence et la même énergie que pour notre premier, sans que cela entache gravement notre relation avec Gaspard, mais aussi nos vies professionnelles et notre vie de couple. Le constat est là. Après beaucoup de discussion et de réflexion, nous nous rendons à l'évidence : nous n'avons pas envie d'avoir d'autres enfants. « Oui mais un petit frère ou une petite sœur, c'est important pour un enfant », « les enfants uniques sont souvent difficiles », « vous n'avez pas peur de regretter ? » Voilà ce qu'on a entendu. Mais moi je dis souvent : combien de parents regrettent d'avoir eu plusieurs enfants ? Combien de parents se sont épuisés ? Combien de mères ont dû abandonner leur carrière après le deuxième, le troisième enfant (parce qu'évidemment encore une fois c'est surtout à la mère que va incomber cette charge éducative) ? Combien de femmes n'ont toujours pas le même salaire que les hommes à compétences égales, induisant ainsi que le poids financier de la femme dans le foyer reste plus faible que celui de l'homme (pour les couples hétérosexuels) ? La conséquence : ce sont plus souvent les femmes qui vont rester à la maison, perpétuant ainsi ce cercle vicieux de l'inégalité.

L'important n'est pas de faire comme les autres, comme il est attendu de nous. L'important c'est de faire des choix éclairés, conscients et assumés. C'est ce que nous avons fait : nous n'aurons qu'un seul enfant.

Une fois cette certitude établie, une question se pose : puisque nous ne voulons plus d'enfant, comment on s'organise en termes de contraception. Malheureusement, la contraception est un sujet tabou alors qu'il est pour moi essentiel à l'équilibre du couple et à l'épanouissement familial. Ce qu'on appelle la charge contraceptive, la responsabilité de penser et de gérer la contraception pour un couple, incombe généralement à la femme. La majorité des couples utilisent la pilule contraceptive ou les dispositifs intra-utérins, arrive ensuite le préservatif et enfin d'autres méthodes. On voit bien que c'est vers la femme qu'on se tourne pour gérer la contraception du couple, comme si l'homme n'avait pas de rôle à jouer, pas de responsabilité vis-à-vis de son couple et de sa famille. Ce n'est d'ailleurs pas pour rien qu'il existe une pilule contraceptive féminine et pas masculine. Quels sont les scientifiques et médecins qui ont développé ces pilules ? Qui sont les experts qui ont déclaré « c'est plus simple de faire une pilule pour les femmes que pour les hommes » ? Des hommes, bien entendu. Nous n'avons pas de pilule contraceptive masculine parce que nous avons décidé qu'il était plus simple de faire subir la charge contraceptive aux femmes, pas par manque de possibilités biologiques et médicales, mais par manque d'intérêt du milieu de la recherche et du milieu médical sur le sujet. Pourquoi se casser la tête ? Les femmes s'en occupent, pas besoin de chercher à faire autrement.

Cette réalité m'indigne parce qu'on connaît les difficultés liées à la pilule contraceptive, les risques et effets secondaires, la charge mentale qu'elle représente… Nous devons faire mieux, faire autrement, trouver des moyens d'égaliser cette charge contraceptive. Pour les couples qui ne souhaitent plus avoir d'enfants, une méthode semble tout à fait adéquate, la stérilisation. Il existe deux méthodes de stérilisation : la vasectomie et la ligature des trompes. Plus invasive, la ligature des trompes concerne 3,9 % des femmes alors que la vasectomie ne concerne que 0,3 % des hommes en 2012 (selon une étude de l'INED). Ces chiffres démontrent l'inégalité flagrante qui existe au sein du couple quant à la charge contraceptive. Malgré une augmentation manifeste des vasectomies (1 908 en 2010 contre 23 306 en 2021), cette méthode reste marginale et représente à peine 1 ou 2 % des hommes aujourd'hui. Dans d'autres pays, cette méthode est bien plus répandue, on avoisine les 20 % au Royaume-Uni, en Nouvelle-Zélande ou au Canada ; l'Espagne, la Belgique et la Suisse font figure de bons élèves en Europe avec au taux d'environ 8 % des hommes.

La vasectomie est rapidement devenue le choix évident pour moi et pour mon couple. Une opération rapide, sans séquelles, qui nous permet d'avoir des rapports sans aucune préoccupation pour le reste de notre vie. Pas mal, non ? Concrètement une vasectomie, qu'est-ce que c'est ? C'est une opération qui consiste à ligaturer les canaux déférents. Ces canaux ont comme rôle d'amener les spermatozoïdes produits par les testicules jusqu'au canal éjaculateur. À cet endroit, les spermatozoïdes se mélangent avec le liquide séminal produit par la prostate pour former le sperme (l'éjaculat). En bloquant ces canaux déférents, les spermatozoïdes restent dans les testicules et le sperme n'est composé que de liquide séminal, il n'y a donc aucun risque d'engendrer une grossesse. Je vous vois venir, vous vous demandez ce qui se passe pour ces pauvres spermatozoïdes enfermés dans les testicules, à force d'être produits sans être évacués, ils vont faire exploser les testicules, non ? Non. En fait, les spermatozoïdes, comme toutes les cellules du corps, sont automatiquement détruits et dégradés au bout d'un certain temps. Leur durée de vie est d'environ 30 jours.
Là, si vous êtes un homme et que vous ne connaissez pas la vasectomie, je sais les questions qui vous tourmentent, j'ai eu les mêmes et je reçois quotidiennement ces interrogations sur les réseaux sociaux. Est-ce que l'érection est modifiée ? Est-ce que la libido est modifiée ? Est-ce que les hormones masculines sont impactées ? Non, non et non. Je ne peux pas faire plus simple. En fait, les testicules fonctionnent toujours donc aucune modification hormonale, s'il n'y a pas de modification hormonale, pas de modification de la libido a priori. Pour l'érection, aucun rapport également.

Et pour les plus curieux, puisque j'ai eu cette question une bonne centaine de fois dans mes DM Instagram : la vasectomie ne modifie pas non plus la consistance et le volume de l'éjaculat.
Alors, concrètement, comment se passe une vasectomie ? La première étape, c'est de trouver un chirurgien urologue qui pratique cette opération. La difficulté, c'est d'en trouver un qui accepte de le faire à des jeunes hommes surtout quand ces derniers n'ont pas d'enfant ou n'en ont qu'un seul. Pour moi, ça a été un gros coup de bol. J'ai cherché sur Doctolib le rendez-vous le plus rapide dans les alentours et je suis tombé sur un chirurgien fort sympathique. Le premier rendez-vous consiste simplement en un entretien pour expliquer ma démarche et pour que le chirurgien détaille le processus à suivre. Une fois ce premier rendez-vous passé, il y a un délai de réflexion de 4 mois obligatoire. Ensuite, j'ai eu un deuxième rendez-vous avec mon chirurgien pour confirmer ma volonté de faire une vasectomie. À ce rendez-vous, il m'a fortement suggéré quelque chose que je n'avais pas envisagé : l'autoconservation de gamète. L'autoconservation de gamète, c'est le fait de congeler son sperme dans un centre dédié pour pouvoir réutiliser ce sperme en cas de nécessité. Pour moi, c'était une perte de temps puisque je suis sûr de mon choix, mais comme dirait mon chirurgien, mieux vaut un petit désagrément maintenant qu'un gros problème plus tard. Donc j'ai fait mon rendez-vous au CECOS (Centre d'Étude et de Conservation des Ovocytes et Spermatozoïdes) afin de congeler mes gamètes et en même temps pour vérifier que tout était normal avant l'opération. On rajoute à ça un rendez-vous

avec l'anesthésiste pour préparer l'opération, un bilan sanguin ainsi que le traditionnel PCR et me voilà fin prêt pour l'opération qui se passe sous anesthésie générale (l'option anesthésie locale existe aussi) en ambulatoire.

Les suites post opératoires sont très simples, quelques points de chaque côté des bourses avec un pansement pour quelques jours, les points se résorbent seuls et la cicatrice disparaît complètement en quelques semaines. Pour ce qui est de la douleur, je ne peux parler que de mon expérience, mais je sais pour en avoir discuté avec d'autres hommes que globalement, on peut dire que la douleur est gérable. Pendant 3 à 5 jours, les bourses sont gonflées, on a une sensation désagréable de tiraillement et il faut éviter de se prendre un coup mal placé, mis à part ces désagréments, rien de bien méchant. Pour terminer et clôturer le parcours de vasectomie, il faut enfin pratiquer un spermogramme à 3 mois de distance de l'opération pour vérifier l'azoospermie. L'azoospermie, c'est l'absence totale et complète de spermatozoïdes dans l'éjaculat. Aujourd'hui, je suis donc stérile, la charge contraceptive dans notre couple n'existe plus vraiment puisque ce n'est plus une charge pour moi.

La vasectomie reste cependant un sujet tabou dans notre pays. Il suffit de voir la tête des mecs quand je réponds « Moi j'ai fait une vasectomie » à la question « Alors c'est pour quand le deuxième ? » ! On n'en parle pas, déjà parce qu'on ne connaît pas cette pratique. Avant d'être père, je n'avais jamais entendu parler de vasectomie. Ni à l'école, ni même en médecine, c'est vous dire ! On n'en parle pas aussi parce que ça touche à quelque chose qu'on a érigé en icône de la masculinité, symbole de la puissance et de la domination :

le pénis. Bien que, comme je vous l'expliquais plus tôt, cette opération ne touche même pas à proprement parler cet organe, que la vasectomie ne modifie pas l'érection, l'éjaculation, la libido ou le taux d'hormones masculines, cette pratique reste considérée comme une menace à la masculinité par beaucoup.

C'est pour ces raisons que j'ai eu envie d'en parler sur les réseaux, de raconter, de vulgariser, ça m'a valu beaucoup de retours positifs, j'ai même aidé quelques hommes hésitants à sauter le pas ce dont je suis plutôt fier. Mais cette prise de position, cette démarche de témoignage, m'a valu une vague de cyberharcèlement extrêmement violente de la part de groupes de masculinistes d'extrême droite. Entre les insultes, les menaces et les montages photos tous plus inventifs les uns que les autres, j'ai passé quelques semaines bien désagréables ! Je sais que c'est le lot de toute personne qui prend un chemin différent, Brassens disait « les braves gens n'aiment pas que l'on prenne une autre route qu'eux », mais la violence inouïe de ces hommes m'a encore plus motivé à comprendre et à lutter contre ça.

LA PARENTALITÉ POSITIVE :

redéfinir notre société

L'ÉDUCATION EST POLITIQUE

Comme vous avez pu le lire, le choix de nous tourner vers la parentalité positive a entraîné de grands changements dans nos vies : d'abord vis-à-vis de notre vision de l'éducation et dans notre relation avec notre fils, mais aussi dans notre développement personnel, notre couple, nos relations sociales… Embrasser cette philosophie s'accompagne d'une redéfinition d'énormément de certitudes, ce qui peut être plus ou moins agréable. Cela me semblait pourtant important de faire un point là-dessus parce qu'on entend souvent que la parentalité positive c'est le sacrifice des parents, on s'abandonne complètement pour l'épanouissement des enfants, on s'épuise, on s'oublie… Bref, une conception tout à fait fausse de ce que ce choix peut engendrer dans nos vies.

On n'entend parler que des inconvénients de cette éducation (réels ou supposés, d'ailleurs) mais trop rarement de tous les bénéfices que ce choix apporte dans nos vies, je voulais donc tenter de rééquilibrer la balance, ou en tout cas simplement vous dire ce que, moi, j'ai gagné depuis que je suis père, père au foyer, père au foyer pratiquant l'éducation positive.

À titre personnel, je sais que grâce à la parentalité positive, je gère beaucoup mieux mes émotions et l'expression de ces émotions. C'est bien logique, si je veux montrer à mon fils comment gérer sa colère, sa peur, ses frustrations, si je veux lui apprendre à exprimer ses émotions calmement, il faut bien donner l'exemple ! Pour ça, j'ai dû travailler, bien plus que je ne l'aurais pensé. Pour moi, c'était « *enfouis tout et tu verras bien si ça pète ou pas un jour* ». Aujourd'hui, grâce à nos choix et à tout ce qu'on tente de mettre en place avec notre fils, on apprend aussi, j'ai appris à dire « ça me met en colère que », « j'ai peur que », mais j'ai aussi appris à montrer l'amour, la gratitude, la sensibilité, choses qui m'étaient jusqu'alors aussi inconnues. Stigmates de l'ambiance masculine et patriarcale de mon environnement, j'avais honte d'être traversé par des émotions et ces dernières devaient être cachées à tout prix pour sauver une supposée virilité qui ne supporterait aucune sensibilité. Aujourd'hui, je suis beaucoup plus enclin à exprimer ce que je ressens, et dans un sens cela m'aide à m'affirmer au quotidien, que ce soit dans mes relations amicales et familiales mais également dans mes rapports professionnels. Ce n'est pas si facile à appliquer au quotidien, parce que ce n'est pas de l'ordre du réflexe chez moi, mais petit à petit, toujours en me rappelant que je suis un modèle pour mon fils, j'avance sur ce chemin ! C'est aussi grâce à cette approche que nous avons trouvé une certaine stabilité dans notre couple, pour traverser l'épreuve qu'est la parentalité, un couple doit pouvoir se faire confiance, être sûr de sa solidité. Pour ça, le niveau d'intimité et de vulnérabilité qu'on atteint en s'ouvrant à l'expression des émotions et à la sensibilité de l'autre permet de renforcer la relation à un niveau que je n'avais pas soupçonné.

De façon générale, grâce à la parentalité positive, notre foyer est apaisé : notre couple, notre fonctionnement à trois, notre quotidien... Bien que ce dernier ne soit pas exempt de prises de bec, il reste globalement serein et calme. Avec ces choix de vie et de parentalité, nous avons évité les embrouilles avec notre fils, que ce soit pour les repas, les siestes, les écrans… Là où je vois des parents s'épuiser à vivre une parentalité dans la force, la menace, la punition, à être le flic de son gosse, sans aucun plaisir ou si peu, sans prendre le temps de parler avec lui, sans s'intéresser à qui il est, je me dis qu'en fait c'est sûrement plus reposant et surtout plus naturel de faire le choix de l'éducation positive. Alors bien sûr, je ne sais pas de quoi l'avenir est fait et il est possible que d'ici quelques années, dans 5 ans, 10 ans, je regrette ces choix, il est possible que je me dise « merde, en fait, tout ça c'était des conneries et maintenant je suis en échec avec mon fils » : possible, mais peu probable. Pourquoi peu probable ? Déjà parce que ce que nous faisons n'est pas une expérience unique au monde. Il existe des pays entiers où notre façon si « particulière » ici est complètement normale. Le parent est un tuteur, un accompagnant qui est là pour sécuriser l'environnement de son enfant afin qu'il puisse lui-même faire l'expérience de sa personnalité et de sa vie.

Dans ce sens, pour moi, chaque enfant est exceptionnel, ils ont toutes et tous une flamme de génie, d'aventure, de créativité et de sensibilité qui brûle en eux.

Le souci c'est que, dans notre pays, comme dans tant d'autres, on souffle sur cette flamme qui s'éteint à jamais à coup de « fais pas ci, fais pas ça ». On interdit plus qu'on encourage, on engueule plus qu'on motive, on fait peur plus qu'on câline, on laisse pleurer ça développe les poumons… « Dépêche-toi », « arrête de pleurer », « je te préviens ça va barder », « qu'est-ce que t'es chiant », « je suis pas ton copain de l'école moi », « c'est une bêtise », « c'est dangereux », « non », « non », « non » et « non ». Voilà notre quotidien quand on est enfant, voilà les mots qui éteignent nos flammes, voilà pourquoi, quand on croise un adulte qui, par chance, par miracle, par hasard, a encore ce petit feu d'aventure en lui, on le rejette. Voilà pourquoi les grands enfants sont des marginaux, des gens qu'on juge « pas comme les autres » là où ils sont en fait ceux qui vivent vraiment. Notre société n'est pas taillée pour l'unicité de l'être, nous nous complaisons dans le conformisme et l'effacement de l'individu au profit de la masse. Nous avons énormément de mal avec celles et ceux qui voient les choses différemment, les atypiques, les différents, les libres penseurs...

C'est pour ça que je dis souvent « *je ne prépare pas mon fils à vivre dans notre monde, je prépare le monde à l'arrivée de mon fils* ». Parce que ce n'est pas aux enfants d'apprendre à s'adapter à notre société, c'est à notre société de changer afin que les enfants puissent y vivre et devenir des adultes épanouis et heureux. Si nous vivions dans une société égalitaire, juste et équitable, non violente, aimante et bienveillante, ça se saurait. Le fait est qu'aujourd'hui notre pays est un pays dans lequel un enfant meurt tous les cinq jours sous les coups de ses parents, un homme assassine une femme tous les deux jours, les gouvernements successifs méprisent les travailleurs et les plus précaires, les chiffres du harcèlement scolaire sont toujours plus haut, la haine en ligne gangrène les réseaux sociaux, les services d'aides sociales à l'enfance sont submergés, l'hôpital n'a pas le temps de soigner les gens, l'antisémitisme, le racisme, l'intolérance, l'homophobie et la transphobie sont à leur paroxysme. C'est pour ça qu'à l'arrivée de mon fils sur cette Terre, je me suis donné la mission de tout faire pour qu'il n'ait pas à vivre dans cette société patriarcale où l'homme blanc cisgenre est tellement enseveli de privilèges que s'il lit ces pages, il ne reconnaîtra sûrement pas le pays que je décris.

C'est pour cela qu'entre autres j'ai décidé de m'engager. J'ai décidé d'abord de partager ce chemin de vie de père au foyer sur les réseaux sociaux, dans l'espoir d'inspirer, de montrer une autre voie, de faire valoir cette autre parentalité, une paternité différente aussi et avec l'idée que cette goutte d'eau pourrait ruisseler et entraîner d'autres à faire de même.

J'ai également décidé très vite de m'engager politiquement, parce que j'avais l'espoir que cette voie de l'engagement politique pourrait aussi me permettre de faire avancer les choses.
Pourquoi les réseaux sociaux ? Déjà parce que j'en avais l'opportunité grâce au travail de mon épouse qui était déjà implantée dans ce milieu depuis des années. Elle est suivie par plus d'un million de personnes sur ses réseaux et toute son expérience m'a permis de savoir où je mettais les pieds. J'avais envie de montrer un autre chemin de parentalité encore trop peu visible à l'époque. L'idée n'étant pas de dire « vous devez tous faire comme moi », mais plutôt de suggérer des pistes de réflexion autour des questions de parentalité positive, de masculinité, d'écologie et de vie de couple. Petit à petit, mon compte Instagram grandit et autour de

ce compte une communauté se crée. Pour moi, c'est une grande opportunité, et si je pouvais continuer à avoir ce rôle de père au foyer tout en travaillant sur les réseaux sociaux ? Je sais que ce choix ne convient pas à tout le monde, j'ai ma part de détracteurs, c'est le prix à payer, j'en avais conscience avant de commencer. Quand on parle de parentalité les réactions sont souvent épidermiques. Je reçois quotidiennement mon lot d'insultes, de menaces et de violence. Les « haters » comme on les appelle, ces personnes qui consomment mon contenu dans l'unique but de le déprécier, de m'insulter ou d'être dans la violence gratuite, sont l'incarnation même de ce que je cherche à dénoncer. Pour être tout à fait honnête, ça m'a longtemps blessé, chaque insulte restait gravée dans mon esprit quelques jours. Je retournais mes idées dans tous les sens pour essayer de comprendre ce que j'avais pu faire ou dire pour expliquer cette réaction. Qu'est-ce que je peux bien avoir dit, avoir écrit, pour qu'un autre être humain m'écrive « sale fils de pute je vais te crever » ? Quelle raison peut-on invoquer quand on envoie à une personne qu'on ne connaît pas « tu vas rendre ton fils débile avec tes trucs Montessori, déjà qu'il n'est pas très dégourdi » ? Quoi que je pense ou dise, est-ce que je mérite ce lot d'insultes quotidiennes ? Est-ce que je dois les passer sous silence, ne rien dire, laisser faire ? Non. Aujourd'hui après quelques années d'exercice, je suis rodé. J'ai appris à prendre beaucoup plus de distance vis-à-vis de ces réactions violentes. Alors qu'il y a deux ans j'étais en colère et blessé par un mot, aujourd'hui j'ai de la pitié pour l'auteur du message. Quelqu'un dont la vie est si pauvre de sens et de joie que l'acte le plus excitant de la soirée est d'insulter un inconnu sous couvert d'anonymat.

Pathétique et lâche, le pire combo. Mais en goûtant à cette violence, j'ai pu entrevoir ce que d'autres subissent au quotidien sans avoir l'audience pour en parler, sans avoir les moyens de payer les avocats qui poursuivent les harceleurs comme je le fais. Le cyberharcèlement est une réalité dans notre pays et c'est pour moi un des nombreux symptômes de cette société bercée par la violence dès le plus jeune âge. Ce qui me plaît sur les réseaux sociaux c'est surtout la possibilité d'interagir avec les autres, le fait qu'on puisse échanger, discuter, débattre. Selon le sujet, je propose souvent des mini-débats afin qu'on puisse avancer ensemble dans notre réflexion. Quand je parle de parentalité proximale, de cododo, d'allaitement, de DME, de punition, de Violences Éducatives Ordinaires, malgré certaines réactions violentes, on arrive à discuter, on fait avancer le débat.
Grâce à ce travail sur les réseaux, j'ai pu monter une entreprise et dégager des revenus de cette activité (d'où le fait qu'aujourd'hui je ne me considère plus tellement comme un père au foyer à 100 %). Concrètement, comment ça fonctionne ? Lorsque des marques veulent mettre en avant des produits ou des services à une audience très ciblée (comme des parents ou futurs parents, par exemple). Elle vient me proposer une collaboration. Selon la marque, j'accepte la collaboration et ensuite on construit un ou plusieurs contenus ensemble. Le luxe que j'ai, c'est que grâce au travail de Léa, mon activité n'est pas « essentielle » dans notre équilibre financier. Du coup, je peux être très sélectif sur les marques avec lesquelles je travaille et je ne suis pas obligé de faire 50 collaborations par mois. Il y a certaines marques que je suis très fier d'accompagner, des marques avec des

démarches éthiques, des jeunes entreprises françaises, des gens qui essayent de faire autrement. C'est aussi l'opportunité que j'ai grâce aux réseaux sociaux !
Le dernier point positif à être sur les réseaux, c'est d'avoir une capacité d'impact assez large. Pour vous donner un exemple, je vais vous raconter l'histoire d'une tribune pour l'allongement du congé paternité que j'ai corédigée et signée. En 2020, le congé paternité est de 14 jours (11 jours consécutifs dans les faits) en France. Le congé parental est très peu rémunéré (396 € par mois) et n'est utilisé que par 4 % des pères. En Espagne et en Finlande, nous sommes à respectivement 84 jours calendaires et 54 jours travaillés. Pourtant, l'UNICEF, l'OMS, l'ONU, le Conseil de l'Europe, toutes les grandes instances recommandent l'allongement des congés parentaux dont le congé paternité. La place du père commence à être repensée et les états doivent suivre ce changement de fond. Dans ce contexte, je reçois une invitation à une discussion informelle entre différents pères actifs sur les réseaux sociaux. Certains sont podcasteurs, d'autres chefs d'entreprise, mais nous sommes tous réunis par notre statut de père et nos « forces de frappe » sur les réseaux sociaux. L'idée d'écrire une tribune pour demander un allongement du congé paternité émerge rapidement. Le reste se fait relativement vite, nous écrivons la tribune, le Huffington Post accepte de la publier pour nous le jour de la fête des pères et nous voilà devenus fer de lance de la lutte pour l'allongement du congé paternité.
Mais pourquoi est-ce si important ? Déjà parce qu'en égalisant le congé paternité et le congé maternité, on diminue la discrimination à l'embauche et les inégalités salariales

pour les femmes. Le « risque de maternité » pourrait à terme disparaître. De plus, le second parent est un grand soutien pour la mère qui vient d'accoucher. Avoir un relais diminue le risque de dépression du post-partum, augmente les chances de réussir un allaitement, diminue le risque de burn-out parental. Enfin, allonger le congé paternité, c'est aussi permettre aux pères de rencontrer leurs enfants, de passer des journées seul avec lui (ce que beaucoup d'hommes n'ont jamais fait), de construire un lien d'attachement solide, de s'épanouir dans ce nouveau rôle.
Pour toutes ces raisons, nous nous lançons à l'abordage avec cette tribune. Énormément partagée, pas mal relayée dans les médias, la tribune nous permet de faire parler du sujet du congé paternité. Pour être honnête, je ne pensais pas qu'on irait bien loin politiquement. Pourtant, comme un cheveu sur la soupe, je reçois un jour dans ma boîte mail pro une invitation à un colloque autour de la question du congé paternité organisé à l'Élysée. Oui, oui, vous avez bien lu, l'Élysée nous invite à discuter. Il s'avère que la tribune tombe à point nommé, le gouvernement planche sur un allongement du congé paternité. Le souci, c'est que là où nous parlions d'un mois minimum, de meilleure rémunération des congés parentaux, de pédagogie avec les entreprises, etc, le gouvernement, dans son projet, s'est contenté du strict minimum. Une victoire qui me laisse encore un goût d'échec parce que je sais que des 28 jours actuels nous mettrons une bonne décennie ou deux à évoluer. Ce trop petit pas ne me satisfait pas. Mais cette expérience m'a donné envie de découvrir un autre monde, peut-être encore plus complexe que celui des réseaux sociaux : le monde politique.

Lorsque Gaspard a eu 3 ans, qu'il est rentré à l'école et que j'ai eu plus de temps pour moi, j'ai fait trois choses : développer mon activité sur les réseaux, reprendre le rugby et prendre ma carte dans un parti politique. Pourquoi rejoindre un parti politique ? Parce que j'ai eu envie de participer plus activement à la vie politique de mon pays, lutter pour mes idées, aller sur le « terrain ». L'offre politique française étant assez large, j'ai mis quelques semaines à me décider. Enfin, quelques semaines, parce que j'hésitais entre deux organisations, parce qu'il y en a que j'ai rapidement pu éliminer (en gros, vous prenez du Rassemblement National à La République en Marche, tous les partis de ce groupe furent éliminés d'office). J'avais des copains chez les écologistes, mais j'ai beaucoup de mal avec leur manque de sérieux dans les politiques sociales. Je connaissais des anciens du PS qui avaient migré chez LFI mais impossible pour moi d'entrer dans une organisation si verticale. En 2017, j'ai voté Benoît Hamon, ministre de François Hollande, il s'est présenté sachant qu'il allait se faire fracasser, ça inspire le respect. Dans sa campagne, il avait abordé des sujets qui m'intéressaient : la taxe robot, le droit aux vacances et surtout le Revenu Universel d'Existence[10]. Je ne vais pas faire un descriptif total de ce concept, mais l'idée c'est que chaque personne en France reçoive un revenu sans condition qui lui permettra de compléter ses revenus, de pouvoir envisager plus sereinement des reconversions, des formations, des changements de vie. Il avait d'ailleurs été le premier à

10 « Ce qu'il faut de courage », plaidoyer pour le Revenu Universel de Benoît Hamon

remettre en question notre considération de ce qu'est le travail et sa réflexion me revenait souvent lorsque j'expliquais mon quotidien de père au foyer. C'est quoi le travail ? C'est quand on produit quelque chose ? C'est quand on est rémunéré ? Une mère au foyer ne travaille-t-elle pas ? Ces heures et ces heures à prendre en charge un enfant, futur citoyen de notre société commune, à l'instruire, à l'aider à grandir et à devenir un membre bienveillant de notre cité, n'est-ce pas un travail qui produit un effet bénéfique pour notre communauté ?

Ces réflexions m'avaient plu à l'époque, elles me plaisent encore aujourd'hui et même si Benoit Hamon a quitté la politique (il est actuellement à la tête d'une ONG d'accueil et d'aide aux migrants, SINGA), il a laissé derrière lui un parti politique, Génération.s. L'idée de ce petit parti, c'est de rassembler d'un côté les écologistes, et de l'autre côté les socialistes et les autres formations de gauche dans l'espoir de construire une coalition écosocialiste. J'ai donc jeté mon dévolu sur ce petit parti dans lequel j'ai rapidement trouvé ma place (forcément quand il y a 10 militants par départements, tu montes vite les échelons). J'ai pu expérimenter, rencontrer du monde, lutter, j'ai manifesté (encore plus qu'avant), j'ai fait des réunions, des congrès, des meetings, du porte à porte, du collage d'affiches, du tractage sur les marchés, j'ai même failli être candidat aux élections législatives, c'est vous dire !

Pourquoi je vous raconte mon engagement politique ? Déjà parce que je me dis que ça inspirera peut-être quelques-un·e·s d'entre vous à faire de même et gonfler les rangs des citoyens.nes qui participent activement à la vie de la société.

Mais aussi et surtout parce que pour moi, il est impossible d'imaginer une parentalité comme celle que j'imagine, dans un pays qui n'a pas comme fondation politique et philosophique le respect de l'autre et de la nature, la solidarité, la tolérance et la non-violence. Il est impossible pour moi d'imaginer une gouvernance ultralibérale, qui maltraite les travailleuses et travailleurs, développer une politique familiale bienveillante. Il est complètement loufoque de croire que des hommes (oui, parce que ce sont des hommes) qui n'ont évolué que par le rapport de force et de domination dans toute leur vie, vont accepter de changer de paradigme pour nos enfants. L'échelle individuelle ne suffit pas. Je ne peux pas me contenter de ce que je fais pour et avec mon fils. D'une part, parce que si c'est pour qu'il vive dans la société actuelle, non merci. D'autre part, parce que j'ai l'énergie, le temps et la disponibilité de faire plus. Et faire plus, c'est m'engager. On me dit souvent que c'est complètement utopiste et qu'on n'aura jamais un pays qui mettra au cœur de sa politique le bien-être des enfants et de la famille. Moi je réponds que ça existe déjà ailleurs et que bien sûr ces pays ne sont pas des Édens merveilleux, mais merde au moins aucun gamin ne se fait taper dessus.

UNE ÉDUCATION MILITANTE

Défendre la parentalité positive comme philosophie d'éducation et d'accompagnement des enfants, c'est déjà un acte militant. Aujourd'hui, il n'est pas « normal » dans le sens descriptif du terme de prendre soin de son enfant. La société française est une société qui ne place pas l'enfance au cœur de sa politique. À l'échelle individuelle, rien ou trop peu n'est fait pour éduquer les parents et futurs parents afin d'évoluer sur notre vision de la parentalité. La violence, puisqu'elle est intégrée en nous depuis notre plus tendre enfance, est devenue un réflexe : je m'engueule avec quelqu'un ? J'ai envie de lui coller mon poing dans la gueule. Un gars me coupe la route en voiture ? Je klaxonne et le colle comme un fou sur 20 kilomètres en lui faisant des doigts d'honneur ? Et puis quoi ? Et puis si ma femme n'est pas d'accord avec moi je la frappe ? Comme je frappe mon gosse quand il pleure ? Comme on me frappait quand je pleurais ? Voilà le cercle de la violence morbide, voilà la mission que je me suis donnée, avec tant d'autres : briser ce cercle.

À l'échelle collective, rien ou trop peu n'est fait pour que l'école publique ne soit à la hauteur des enjeux que représente l'éducation de nos futures générations. Au-delà du niveau scolaire qui ne fait que baisser (nous sommes sous la moyenne européenne en lecture par exemple[11]), la bienveillance a déserté (si elle a jamais été présente) de notre belle éducation nationale. Les chiffres de harcèlement scolaire sont au plus haut : 800 000 à 1 million d'enfants en seraient victimes[12]. L'épanouissement des élèves est au plus bas et encore pire, le niveau d'épanouissement des enseignants l'est aussi. Depuis des générations, nos politiques, de droite comme de gauche d'ailleurs, n'ont eu de cesse de

11 pirls 2021 international results in reading

12 Rapport Sénat 2023

tailler dans le budget de l'éducation nationale, de supprimer des postes ou de ne pas renouveler les départs à la retraite, de mettre toujours plus d'enfants par classe... La formation des enseignants ne comprend toujours pas ou si peu de modules consacrés aux rythmes biologiques et neurologiques des enfants. Comment peut-on, en 2024, avec tout ce que l'on sait du fonctionnement du cerveau des enfants, imaginer une seule seconde qu'un gamin qu'on fait s'asseoir sans bouger de 8 h à 18 h sur une chaise à écouter quelqu'un parler va apprendre quoi que ce soit ? Comment peut-on avoir la bêtise d'imaginer un instant que la formation actuelle de nos jeunes est efficace ? Comment ne pas s'indigner devant le traitement réservé aux enseignants qu'on envoie au casse-pipe devant des classes toujours plus bondées d'élèves ?
Aujourd'hui défendre et soutenir la parentalité positive et la non-violence éducative est un acte militant. Parce que derrière le modèle éducatif que je vous présente depuis le début de ce livre, se cache en fait un modèle de société, un nouveau paradigme.

Ce modèle de société n'est pas celui en vigueur dans notre pays, ce modèle de société est très loin d'être en vigueur dans notre pays, pourquoi ? Parce qu'il remet en question une chose, une seule chose, qui n'est pas près de disparaître : l'éducation positive suggère de sortir des relations de domination et de violence.

Quand on accepte de ne pas être en position de dominant vis-à-vis de son enfant et d'exercer cette domination par la violence (puisque la violence est le seul moyen efficace d'exercer une domination), on se rend compte que le reste de la société est construit, à l'image de notre éducation, sur des relations dominants-dominés : l'homme domine la femme et exerce cette domination par la violence, les blancs dominent les minorités et exercent cette domination par la violence, les cisgenres dominent les membres de la communauté LGBTQIA+ et exercent cette domination par la violence, le capital domine les travailleurs et exerce cette domination par la violence (répression des grèves et des manifestations, par exemple)... Notre modèle de société est fondé sur ce rapport de domination et le remettre en cause dès la plus jeune enfance est le meilleur moyen de briser le cycle. Le problème, c'est que nous avons tellement intégré ce modèle comme normal que, quand bien même nous faisons parfois partie des opprimés, nous préférons inconsciemment perpétuer ce modèle connu avec nos enfants plutôt que de tenter l'exploration d'une autre approche.

Dans cette nouvelle approche de la parentalité, on a un concept qui devrait être étendu à toute la société : le respect des droits. L'enfant a des droits (et particulièrement celui de ne pas être frappé, insulté, menacé) et ces droits doivent être respectés. Les femmes, les personnes issues des minorités, les travailleurs, ont des droits aussi, il serait temps de les respecter. Ce respect des droits de chacune et chacun, cœur d'une démocratie saine, est aujourd'hui plus que remis en cause par les franges les plus extrémistes de ce qu'on appelle avec pudeur « les conservateurs ». Bientôt, alors même que l'égalité des droits dans les faits n'est pas atteinte, certains proposeront de remettre en

cause certains de ceux-ci. Bientôt, l'accès à l'IVG sera remis en cause, bientôt les droits de grève et de manifestation seront remis en cause. Mais non, tu exagères me diriez-vous ? Pourquoi ? Vous croyez que ce repli réactionnaire n'a pas démarré ? Pourquoi alors la liberté d'instruction a été supprimée depuis plusieurs années dans notre pays ? Pourquoi l'instruction en famille a été quasiment interdite dans notre pays si ce n'est au nom du conformisme à un paradigme néolibéral dans lequel seul le formatage par le moule de l'éducation nationale permettrait d'obtenir des citoyens utiles au grand capital ? Quoi de mieux qu'un système éducatif unique et un formatage stéréotypé de la pensée pour pouvoir dominer la masse populaire ?
Pourtant nous sommes toutes et tous égaux, sur le papier. Si on se recentre sur la relation parents-enfants, une des grandes modifications à opérer dans notre esprit c'est celle de la forme que prend la relation parent-enfant :

nous sommes égaux, mon fils et moi.
Je n'ai pas de droits SUR lui, j'ai des devoirs envers lui. Je n'ai pas de droits sur mon enfant, j'ai la responsabilité de l'éduquer et de lui pourvoir un environnement sécurisant.

Voilà une des barrières à faire tomber. Nous devons cesser de voir notre enfant comme une propriété, un objet qui nous appartient et avec lequel nous pouvons faire ce que nous voulons. Nous devons laisser les enfants émerger comme des individus singuliers et uniques, dans la bienveillance et le respect, dans l'espoir qu'ils participent au changement sociétal dont nous avons tant besoin. Le problème, c'est que pour une personne comme moi qui propose ce changement radical de vision de l'enfance et de la société, nous avons 10 défenseurs d'une éducation violente traditionnelle. Le combat est inégal. Perdu d'avance ? Pas sûr. Ces personnes sont pour la plupart des personnes tout à fait compétentes dans leur domaine : médecine, psychologie, sociologie... Mais le souci qu'ont toutes ces personnes et c'est d'ailleurs un phénomène tout à fait remarquable, c'est que, au moment où on parle d'éducation et d'enfance, ils oublient toute notion de vérité scientifique pour finir avec un discours qui n'a pas plus de valeur que celui de votre belle-mère ou de votre collègue de bureau après deux pastis le jour de son pot de départ à la retraite. Parce que quand on parle de l'enfance, la caution scientifique est perdue dans des arguments complètement fallacieux, outrageusement faux, de la manipulation pure et dure qui n'existe que pour servir les ambitions des intervenants. Caroline Goldman, psychologue d'obédience psychanalyste, se voit auréolée du statut de star de la parentalité dans les médias grâce à ses prises de position contre l'éducation positive, elle est en « croisade » contre cette philosophie (ce sont ses termes). Et l'analogie est très bien trouvée : une bande de fanatiques ignorants qui ne connaissent que la violence décide de détruire une civilisation sous des prétextes idéologiques alors que la première raison est purement économique, ça colle bien, non ? Ces « experts » proposent par exemple d'enfermer l'enfant dans sa chambre quand il fait une « bêtise », l'y laisser pleurer, malgré les cris et les appels aux parents, le tout pouvant durer indéfiniment et cette pratique devant

commencer dès un an. Cette proposition est une manipulation outrageuse d'une méthode développée par le docteur Alan Kazdin aux États-Unis qui prône effectivement un *Time Out* beaucoup plus bienveillant et pédagogiquement fondé, à partir de trois ans, pas forcément dans une pièce fermée mais plutôt comme un moment de pause ou de retour au calme. Évidemment, chacun est libre d'y adhérer ou pas, ce n'est pas un outil que j'ai utilisé personnellement, mais en tout cas vous comprenez bien qu'il est très loin de ce qu'en font nos amis croisés dans leurs ouvrages multiples.
Mais la marche est lancée, et de plus en plus de professionnels de la santé et de la petite enfance se forment et s'informent. Des articles, des travaux à la commission européenne et même au sein de notre Assemblée Nationale émergent timidement. Il est évident que cela prendra du temps, j'imagine quelques décennies, avant que notre société évolue réellement sur le sujet.

À mon avis, nous sommes les deux ou trois dernières générations à vivre dans ces schémas de pensée. Nos enfants, mon fils par exemple, seront minoritaires, mais à force petit à petit, la non-violence deviendra la norme.

De mon côté, on me pose souvent la question « du coup, tu feras quoi après ? ». Après quoi ? après les réseaux sociaux ? Quand mon fils sera grand ? Quand Gaspard sera majeur, j'aurai 40 ans, ça me laisse pas mal de perspective, non ? Dans l'avenir immédiat, je vais devoir gérer au mieux la sortie de ce livre, le promouvoir, le défendre aussi, j'imagine que cela sera nécessaire. J'ai encore envie d'explorer l'impact que je peux avoir sur les réseaux sociaux, parce que c'est un format que je connais et en même temps j'ai toujours l'impression de me réinventer. Je n'aurais jamais imaginé être en train d'écrire ces lignes il y a deux ans quand j'ai publié mon premier « Top 5 des livres parentalité » sur Instagram. Alors pour vous dire exactement ce que je serai dans 2 ans, je vais avoir besoin d'un petit moment de réflexion. J'ai envie de voyager, de rencontrer d'autres cultures, d'autres vies. Je suis aussi en train de sérieusement me poser la question de produire d'autres formats autour de la question de la violence éducative tout en me formant, le podcast, le documentaire ? Qui sait ? Ce qui est certain, c'est que le chemin est encore long pour faire respecter les droits des enfants et j'ai du pain sur la planche !

CONCLUSION

Dans ce livre, je vous ai partagé mon parcours de père, d'un étudiant en médecine à un père au foyer – influenceur et militant. Depuis 6 ans maintenant, j'apprends tous les jours sur le sujet de la parentalité positive, je me forme et je tente de diffuser au maximum ces idées autour de moi. Je partage mon quotidien non pas pour montrer l'exemple, simplement pour montrer qu'il existe une autre voie que celle de la violence. Nous sommes engagés dans une lutte de société, une lutte pour la science, pour les droits des enfants et pour la liberté. Les objectifs sont clairs : nous devons construire notre philosophie politique autour des questions de l'enfance et de la famille, du bien-être et de la non-violence. Cet impératif conditionne la possibilité que nos enfants et leurs enfants après eux soient les moteurs des changements indispensables pour notre société : transition écologique, justice sociale, égalité femmes-hommes. Tout cela passe par l'abolition du patriarcat capitaliste. Pour y arriver, je propose de commencer par les jeunes pousses plutôt que d'essayer d'élaguer les gros arbres centenaires. Nous devons éduquer nos enfants autrement, sortir du cadre de la violence éducative afin qu'eux-mêmes puissent envisager d'autres rapports sociaux et politiques. Laissons mourir avec leurs idées les réactionnaires, les conservateurs, nous ne les changerons pas, comme dit le dicton ce sont les seuls à ne pas changer d'avis. Plutôt que de nous épuiser à convaincre les violents, concentrons-nous sur la création d'une société nouvelle par l'éducation, par l'enfant. Ils sont bien plus tolérants que nous ne le serons jamais, ils sont bien plus curieux et ouverts d'esprits. Ils sont beaucoup plus aventureux et intrépides que nous, ils n'ont besoin que d'amour et de soutien pour être la première pierre de la société de demain.

BIBLIOGRAPHIE ET AUTRES RÉFÉRENCES

Je profite de l'occasion pour vous transmettre ici une liste de livres et de documentaires qui m'ont bien aidé au moment de chercher des informations sur la parentalité positive :

- *Au cœur des émotions de l'enfant,* d'Isabelle Filliozat, éditions Marabout
- *Bébé mange seul : tout savoir sur la DME*, par Émilie Pinard
- *C'est pour ton bien*, d'Alice Miller, éditions Champs Essais
- *Comment devenir un papa féministe*, de Jordan Shapiro, éditions Leduc
- *Et si on changeait d'angle ?*, de Fanny Vella, éditions Leduc
- *Il me cherche,* d'Isabelle Filliozat, éditions Marabout
- *Je t'aime parce que tu es comme tu es,* d'André Stern, éditions Marabout
- *Jouer*, d'André Stern, éditions Actes Sud
- *La violence éducative : un trou noir dans les sciences humaines,* d'Olivier Maurel, éditions Instant Présent
- *Le Burn-out parental : 100 questions/réponses,* d'Élise Lecornet et Corinne Melot, éditions Ellipses
- *Le Grand livre de la DME : la Diversification Menée par l'Enfant pas à pas,* de Christine Zalejski, éditions Thierry Souccar
- *Les rythmes et rituels de l'enfant,* d'André Stern, éditions Marabout
- *Pour une enfance heureuse,* du Dr Catherine Gueguen, éditions Pocket
- *Tu vas être papa,* de Cédric Rostein, éditions First
- *Une enfance en nORd : pour une éducation sans violence et à hauteur d'enfants,* de Marion Cuerq, éditions Marabout
- *Même qu'on naît imbattable,* de Marion Cuerq, documentaire

L'éditeur utilise des papiers composés de fibres naturelles, renouvelables, recyclables et fabriquées à partir de bois issus de forêts qui adoptent un système d'aménagement durable. L'éditeur attend également de ses fournisseurs de papier qu'ils s'inscrivent dans une démarche de certification environnementale reconnue.

PAPIER À BASE DE FIBRES CERTIFIÉES

hachette PRATIQUE s'engage pour l'environnement en réduisant l'empreinte carbone de ses livres. Celle de cet exemplaire est de :
1,4 kg éq. CO_2
Rendez-vous sur www.hachette-durable.fr

Achevé d'imprimer
en Espagne en décembre 2023
Dépôt légal : février 2024
82-5632-0
ISBN : 978-2-01-725350-1